古典文獻研究輯刊

二 編

潘美月・杜潔祥 主編

第 7 冊

《初學記》徵引集部典籍考（下）

江秀梅 著

國家圖書館出版品預行編目資料

《初學記》徵引集部典籍考（下）／江秀梅著 — 初版 — 台北
縣永和市：花木蘭文化出版社，2006〔民95〕

目 2+146 面；19×26 公分（古典文獻研究輯刊 二編；第 7 冊）

ISBN：986-7128-27-3（下冊：精裝）
1. 類書－研究與考訂

041.4   95003572

ISBN 986712827-3

9 789867 128270

古典文獻研究輯刊
二 編 第 七 冊   ISBN：986-7128-27-3

《初學記》徵引集部典籍考（下）

作　　者　江秀梅
主　　編　潘美月　杜潔祥
企劃出版　北京大學文化資源研究中心
出　　版　花木蘭文化出版社
發 行 所　花木蘭文化出版社
發 行 人　高小娟
聯絡地址　台北縣永和市中正路五九五號七樓之三
　　　　　電話：02-2923-1455／傳眞：02-2923-1452
電子信箱　sut81518@ms59.hinet.net
初　　版　2006 年 3 月
定　　價　二編 20 冊（精裝）新台幣 31,000 元

《初學記》徵引集部典籍考（下）

江秀梅　著

附錄一　《初學記》徵引集部作者篇名索引

索引代碼說明

一、卷・類

（1）第一卷　天部上
1 天一
2 日二
3 月三
4 星四
5 雲五
6 風六
7 雷七

（2）第二卷　天部下
1 雨一
2 雪二
3 霜三
4 雹四
5 露五
6 霧六
7 虹蜺七
8 霽晴八

（3）第三卷　歲時部上
1 春一
2 夏二
3 秋三
4 冬四

（4）第四卷　歲時部下
1 元日一
2 人日二
3 正月十五三
4 月晦四
5 寒食五

6 三月三日六
7 五月五日七
8 伏日八
9 七月七日九
10 七月十五日十
11 九月九日十一
12 冬至十二
13 臘十三
14 歲除十四

（5）第五卷　地部上
1 總載地一
2 總載山二
3 泰山三
4 衡山四
5 華山五
6 恆山六
7 嵩高山七
8 終南山八
9 石九

（6）第六卷　地部中
1 總載水一
2 海二
3 河三
4 江四
5 淮五
6 濟六
7 洛水七
8 渭水八
9 涇水九

二、子目

1 敘事　2 事對　賦　詩　篇　文　序
頌　讚　述　詔　制　冊　奏
章　表　箋　碑　銘　書　論
啓　牋　約　誡　教　歌　行
吟　辭　詞　誄　墓誌　冊文　祝文
雜文　彈文　祭文　集序

一、楚辭類

書　名	時　代	卷・類・子目	備　註
楚詞	※	1.3.2	非一時一地之作
楚詞		1.6.2	
楚詞		2.2.1	
楚詞		2.5.2	
楚詞		2.6.2	
楚詞		3.3.2	
楚詞		3.4.2	
楚詞		5.2.2	
楚詞		15.4.2	
楚詞		24.6.2	
楚詞		24.11.1	
楚詞		26.6.2	
楚詞		26.11.2	
楚詞		29.11.2	
楚詞		異.29.10.2	
楚詞		30.9.2	
楚詞王逸注		1.1.2	
楚詞王逸注		1.1.2	
楚詞王逸注		1.1.2	
楚詞注		1.6.1	
楚詞橘頌		28.9.2	
楚辭		3.1.2	
楚辭		3.3.2	

楚辭		3.4.2	
楚辭		6.3.2	
楚辭		6.3.2	
楚辭		6.3.2	
楚辭		6.4.2	
楚辭		6.4.2	
楚辭		6.5.2	
楚辭		7.5.2	
楚辭		7.6.1	
楚辭		10.6.2	
楚辭		18.6.2	
楚辭		18.7.1	
楚辭		18.7.2	
楚辭		19.3.2	
楚辭		19.3.2	
楚辭		20.7.2	
楚辭		22.3.2	
楚辭		22.11.1	
楚辭		25.13.2	
楚辭		26.6.2	
楚辭		26.10.2	
楚辭		26.10.2	
楚辭		26.15.2	
楚辭		26.15.2	
楚辭		26.16.2	
楚辭王逸注		15.1.2	
楚辭王逸注		15.5.2	
楚辭注		1.6.1	
離騷		5.1.2	
離騷		5.1.2	
離騷		8.10.2	
離騷		8.10.2	
離騷		27.11.1	
離騷		27.11.2	
離騷		27.11.2	

二、別集類（以下作者按筆劃排序）

作　者	時代	篇　　名	卷‧類‧子目	備　註
□□	※	潤州箴	8.10.箴	原題漢揚雄作，誤也。司義祖點校本作佚名。
丁　儀	魏	婦賦	14.7.2	
上官儀	唐	江王太妃挽歌詩	14.10.詩	
上官儀		和過舊宅應詔詩	13.7.詩	
上官儀		和潁川公秋夜詩	3.3.詩	
上官儀		奉和山夜臨秋詩	3.3.詩	
上官儀		奉和初春詩	3.1.詩	
上官儀		故北平公主挽歌詩	14.10.詩	
上官儀		高密長公主挽歌詩	14.10.詩	
上官儀		詠雪詩	2.2.詩	
上官儀		酬薛舍人萬年宮晚景寓直懷友詩	11.11.詩	
上官儀		謝都督挽歌詩	14.10.詩	
于仲文	隋	答譙王詩	10.5.詩	
于季子	唐	詠雲	1.5.詩	
干　寶	晉	表※	21.7.2	
干　寶		晉武革命論	9.1.論	
干　寶		晉紀總論	9.1.論	
元行恭	隋	秋游昆明池	7.4.詩	
元行恭		過故宅詩	24.8.詩	
元希聲	唐	贈皇甫侍御赴都詩	12.8.詩	
元萬頃	唐	奉和太子納妃公主出降詩	14.7.詩	
元萬頃		奉和春日池臺詩	3.1.詩	
元萬頃		奉和春日詩	3.1.詩	
元萬頃		奉和春日詩	3.1.詩	

卞伯玉	宋	中書郎詩	11.9.2	
卞伯玉		中書郎詩	11.9.2	
卞伯玉		中書郎詩	11.9.2	
卞伯玉		赴中書郎詩	11.10.2	
卞伯玉		赴中書詩	11.10.2	
卞　裕	齊	送桓竟陵詩	18.7.2	
卞　裕		詩	18.7.2	
卞　斌	隋	觀太常奏	15.1.詩	
卞　蘭	魏	許昌宮賦	15.5.2	
卞　蘭		贊太子賦	10.3.2	
卞　蘭		贊述太子賦	10.3.賦	
孔法生	宋	征虜亭祖王少傅詩	18.7.2	
孔欣	宋	祠太廟詩	13.4.詩	
孔奐	陳	賦得名都一何綺詩	24.1.詩	
孔紹安	唐	應詔詠夭桃詩	28.3.詩	
孔紹※		詠石榴詩	28.11.詩	當爲孔紹安
※紹安		贈蔡君詩	18.4.詩	當爲孔紹安
孔甯子	宋	井頌	7.6.頌	
孔甯子		犛牛賦	29.5.賦	
孔德紹	隋	王澤嶺遭洪水詩	6.1.詩	
孔德紹		行經太華詩	5.5.詩	
孔德紹		登白馬山護明寺詩	23.8.詩	
孔德紹	陳※	賦得華亭鶴詩	30.2.詩	題陳當誤也
孔德昭※	隋	觀太常奏新樂詩	15.1.詩	當爲孔德紹
孔範	隋	和陳主詠鏡詩	25.9.詩	逯氏題陳孔範
孔　範		賦得白雲抱幽石詩	1.5.詩	
孔融	後漢	告昌安縣教	7.6.2	
孔　融		聖人優劣論	17.1.2	
孔　融		聖人優劣論	17.1.論	
孔　融		薦禰衡表	17.7.2	
孔　融		薦禰衡表	20.4.2	

木玄虛	晉	海賦	6.2.賦	
木玄虛		海賦	6.2.2	
木玄虛		海賦	6.2.2	
木玄虛		海賦	6.2.2	
牛　弘	隋	奉和冬至乾陽殿受朝應詔詩	14.4.詩	
牛　弘		春祈社歌辭	13.5.歌	
牛　弘		春祈稷歌辭	13.5.歌	
牛　弘		郊祀昊天上帝歌辭	13.3.歌	
牛鳳及	唐	奉和受圖溫洛詩	6.7.詩	
王升之	宋	笋讚	26.5.讚	王升之、王叔之、王叔元，同也。
王叔之		甘橘讚	28.9.讚	
王叔元		舟讚	25.11.讚	
王由禮	隋	賦高柳鳴蟬詩	異.30.12	
王　沈	晉	正會賦	4.1.賦	
王　沈		宴嘉賓賦	14.5.賦	
王　沈		賀正表	4.1.2	
王　沈		餞行賦	22.1.2	
王延壽	後漢	王孫賦	29.15.賦	
王延壽		魯靈光殿賦	9.1.2	
※		魯靈光殿賦	7.6.1	當爲王延壽作
王　勃	唐	詠風詩	1.6.詩	
王　度	晉	扇上銘	3.2.2	
王胡之	晉	傅咸皇太子釋奠頌	14.3.2	
王胡之		釋奠表	14.3.2	
王　珉	晉	直中書省詩	11.9.2	
王　眘	隋	七夕詩	4.9.詩	
王　朗	魏	與魏太子書	27.14.2	
王　胄	隋	雨晴詩	2.8.詩	
王　胄		送周員外充戍嶺表賦得鴈詩	30.7.詩	

王　珣	晉	琴讚	16.1.讚	
王修已	梁	九日詩	4.11.詩	
王　訓	梁	應令詠舞詩	15.5.詩	
王彪之	晉	井賦	4.8.2	
王彪之		水賦	6.1.2	
王彪之		水賦	6.1.賦	
王彪之		伏犧讚	9.1.讚	
王彪之		閩中賦	28.18.2	
王彪之		閩中賦	28.18.2	
王彪之		與諸兄弟方山別詩	18.7.2	
王彪之		整市教	24.15.教	
王彪之		賦	7.6.賦	
王　粲	後漢	七釋	26.12.2	
王　粲		刀銘	22.3.2	
王　粲		大暑賦	3.2.2	
王　粲		太廟頌	13.4.頌	
王　粲		太廟頌	13.4.頌	
王　粲		太廟頌	13.4.頌	
王　粲		正考父讚	17.2.讚	
王　粲		羽獵賦	22.10.賦	題魏王粲
王　粲		思親四言詩	17.4.詩	題魏王粲
王　粲		柳賦	28.17.賦	
王　粲		校獵賦	22.10.2	
王　粲		浮淮賦	6.5.2	
王　粲		浮淮賦	6.5.賦	
王　粲		登樓賦	27.10.2	
王　粲		硯銘	21.8.銘	題魏王粲
王　粲		詩	3.4.2	
王　粲		遊海賦	6.2.2	
王　粲		遊海賦	6.2.賦	

王 粲		槐樹賦	28.15.賦	題魏王粲
王 粲		蕤賓鐘銘	16.5.銘	
王 粲		獵賦	22.10.2	
王 粲		鐘銘	16.5.2	
王 肅	魏	宗廟頌	13.4.頌	
王 肅		宗廟頌	13.4.頌	
王 肅		表	24.2.2	
王 肅		表論祕書丞郎儀	12.10.2	
王 肅		景福殿賦	24.15.1	
王 肅		賀正儀	4.1.2	
王 肅		論祕書表	12.10.2	
王 逸	漢	荔枝賦	20.3.2	
王 逸		荔枝賦	28.6.2	
王 逸		劉安招隱士詩序	10.5.2	
王 逸		劉安招隱士詩序	10.5.2	
王 勣※	唐	詠妓詩	15.2.詩	疑為王績
王 微	宋	七襄怨詩	4.9.2	
王 微		禹桃飴讚	20.7.讚	
王 微		禹黃連讚	20.7.讚	
王 微		禹餘糧讚	20.7.讚	
王 微		茯苓讚	20.7.讚	
王 暕	梁	詠舞詩	15.5.詩	
王 暕		觀樂應詔詩	15.1.詩	
王 筠	梁	五日望採拾詩	4.7.詩	
王 筠		和劉向書詩	11.3.2	
王 筠		和孔中丞雪裏梅花詩	28.10.詩	
王 筠		和新渝侯巡城詩	24.2.詩	
王 筠		為從兄讓侍中表	12.1.表	
王 筠		望夕霽詩	2.8.詩	
王 筠		牽牛苔織女詩	4.9.詩	

王　筠		答元金紫餉朱李詩	28.1.詩	
王　筠		詠蠟燭詩	25.14.詩	
王　筠		賦詠輕利舟詩	25.11.詩	
王　廙	晉	春可樂	3.1.2	
王　廙		洛都賦	7.3.2	
王　廙		洛都賦	7.3.2	
王　廙		洛都賦	7.3.2	
王　廙		洛都賦	7.6.2	
王　廙		洛陽賦	24.15.2	
王　廙		兔賦	29.12.賦	
王　廙		宰我讚	17.2.2	
王　廙		笙賦	16.9.2	
王　廙		笙賦	16.9.2	
王　廙		笙賦	16.9.賦	
王　廙		賦	16.9.2	
王臺卿	梁	詠箏詩	16.2.詩	
王僧達	宋	七夕月下詩	4.9.詩	
王僧達※		詩	異.28.4.詩	當作王僧達
王僧達		詩	28.4.2	
王僧達		釋奠詩	14.3.2	
王僧孺	梁	傷乞人詩	18.6.詩	
王　儉	南齊	和蕭子良高松賦	28.13.賦	
王　儉		春夕詩	3.1.詩	
王　儉		春詩	3.1.詩	
王　儉		春詩	3.1.詩	
王　儉		侍皇太子九日玄圃宴四言詩	4.11.詩	
王　儉		侍皇太子釋奠宴詩	14.3.詩	
王德眞	唐	奉和過溫湯	7.3.詩	
王　衡	隋	翫雪詩	2.2.詩	

王　融	南齊	大　愧門詩	23.5.詩	
王　融		三月三日曲水詩序	4.6.序	
王　融		曲水詩序	20.11.2	
王　融		在家男女惡門詩	23.5.詩	
王　融		努力門詩	23.5.詩	
王　融		拜祕書丞謝表	12.10.表	
王　融		迴向門詩	23.5.詩	
王　融		訶詰四大門詩	23.5.詩	
王　融		蕭諮議西上夜集詩	18.7.詩	
王　融		擬風賦	1.6.賦	
王　融		謝武陵王賜弓啓	22.4.啓	
王　融		詠琵琶詩	16.3.賦	
王　融		詠幔詩	25.2.詩	
王羲之	晉	三月三日蘭亭序	4.6.序	
王　隱	晉	筆銘	21.6.銘	
王　濟	晉	從事華林園詩	14.5.2	
王　濟		槐樹賦	28.15.賦	
王　褒	後漢	四子論	26.8.2	
王　褒		洞簫賦	16.8.2	
王　褒		洞簫賦	16.8.2	
王　褒		洞簫賦	16.8.賦	
王　褒		責鬚髯奴辭	19.6.辭	
王　褒		聖主得賢臣頌	17.2.2	
王　褒		僮約	28.6.2	
王　褒		僮約	19.6.約	
王　褒	北周	九日從駕詩	4.11.詩	
王　褒		太子箴	10.3.箴	
王　褒		太保吳武公尉遲綱碑	11.1.碑	
王　褒		別王都官詩	18.7.詩	
王　褒		和張侍中看獵詩	22.10.詩	

王 褒		和庾司水修渭橋	7.7.詩	
王 褒		看　雞詩	30.3.詩	
王 褒		爲百僚請立太子表	10.3.表	
王 褒		從駕北郊詩	13.3.詩	
王 褒		渡河北詩	5.6.詩	
王 褒		溫湯銘	7.3.銘	
王 褒		關山月詩	1.3.詩	
王獻之※桃葉	晉	團扇歌	25.7.讚	當作王獻之妾桃葉
王 鑒	晉	七夕觀織女詩	4.9.2	
王 讚	晉	皇太子會詩	4.12.2	
王 讚		梨頌	28.7.2	
邱※巨源	南齊	詠七寶畫圖扇詩	25.7.詩	當作丘巨源
司馬相如	漢	上林賦	2.7.2	
司馬相如		上林賦	5.1.2	
司馬相如		上林賦	15.3.2	
司馬相如		上林賦	16.7.1	
司馬相如		上林賦	19.2.2	
司馬相如		上林賦	22.10.2	
司馬相如		上林賦	28.9.1	
※相如		上林賦	8.3.2	當作司馬相如
司馬相如		大人賦	19.4.賦	
司馬相如		大人賦	24.8.2	
司馬相如		子虛上林賦	7.4.2	
司馬相如		子虛賦	22.5.2	
司馬相如		子虛賦	22.10.2	
司馬相如		子虛賦	22.10.2	
司馬相如		子虛賦	22.11.2	
司馬相如		弔秦二世賦	6.4.1	
司馬相如		封禪書	9.1.2	

司馬相如		封禪書	13.8.2	
司馬相如		封禪書	13.8.2	
司馬相如		封禪書	13.8.2	
司馬相如		封禪書	13.8.2	
司馬相如		美人賦	19.2.賦	
司馬相如		諫獵書	22.10.書	
司馬彪	晉	與山巨源詩	28.16.2	
左九嬪	晉	上萬年公主誄	10.6.2	
左九嬪		松柏賦	28.13.2	
左九嬪		松柏賦	28.13.2	
左九嬪		松柏賦	28.14.賦	
左九嬪		菊花頌	27.12.2	
左貴嬪※		舜二妃讚	10.1.讚	即左九嬪
左太沖	晉	吳都賦	24.15.2	
左　思		吳都	6.2.2	
左　思		吳都賦	2.7.2	
左　思		吳都賦	14.4.2	
左　思		吳都賦	28.18.2	
※		吳都賦	30.10.2	
左　思		詠史詩	18.4.2	
左　思		詠史詩	18.4.詩	
左　思		詠史詩	18.6.詩	
左　思		蜀都賦	3.2.2	
左　思		蜀都賦	7.2.2	
左　思		蜀都賦	7.8.2	
左　思		蜀都賦	8.7.2	
左　思		蜀都賦	8.8.2	
左　思		蜀都賦	15.5.2	
左　思		蜀都賦	24.1.2	
左　思		蜀都賦	24.1.2	
左　思		蜀都賦	24.1.賦	

左　思		蜀都賦	24.14.2	
左　思		蜀都賦	24.15.2	
左　思		蜀都賦	24.15.2	
左　思		蜀都賦	28.4.2	
左　思		蜀都賦	28.7.2	
左　思		齊都賦	6.2.2	
左　思		齊都賦	27.11.2	
左　思		雜詩	3.3.2	
左　思		雜詩	3.3.詩	
左　思		魏都賦	15.3.2	
左　思		魏都賦	24.1.2	
左　思		魏都賦	24.1.賦	
左　思		魏都賦	27.10.1	
左　思		魏都賦	異.28.5.2	
石　崇	晉	奴券	25.12.2	
石　崇		楚妃歎序	16.1.2	
北齊武成帝	北齊	以三臺宮爲大興聖寺詔	23.8.詔	
弘※恭	隋	和平涼公觀趙郡王妓詩	15.2.詩	
弘執恭		奉和出穎至淮應令詩	6.5.詩	
仲長統	漢	詩	1.1.2	
任希古	唐	和七月七日游昆明池	7.4.詩	
任希古		和左僕射燕公春日端居述懷	11.4.詩	
任知古		奉和太子納妃公主出降	14.7.詩	即任希古
任彥昇	梁	出郡傳舍哭范僕射詩	11.4.詩	
任　昉		求薦士詔	20.4.詔	
任　昉		爲王子侍皇太子釋奠宴詩	14.3.詩	
任　昉		爲王思遠讓侍中表	12.1.表	
任　昉		爲范雲讓散騎常侍吏部尙表	12.4.表	
任　昉		詠池邊桃詩	異.28.3.詩	
任　昉		屬吏人講學詩	21.4.詩	

成公綏	晉	七唱	15.5.2	
成公綏		大河賦	6.3.2	
成公綏		大河賦	6.3.2	
成公綏		大河賦	6.3.賦	
成公綏		中宮詩	10.1.詩	
成公綏		天地賦	1.1.賦	
成公綏		市長箴	24.15.箴	
成公綏		戒火文	25.16.文	
成公綏		延賓賦	14.5.賦	
成公綏		洛禊賦	4.6.賦	
成公綏		洛禊賦	7.7.2	
成公綏		烏賦	30.5.賦	
成公綏		琵琶賦	15.5.2	
成公綏		琵琶賦	16.3.2	
成公綏		琵琶賦	16.3.2	
成公綏		琵琶賦	16.3.2	
成公綏		琵琶賦	16.3.2	
成公綏		琵琶賦	16.3.賦	
成公綏		琴賦	16.1.2	
成公綏		琴賦	16.1.2	
成公綏		琴賦	16.1.2	
成公綏		琴賦	16.1.2	
成公綏		琴賦	16.1.賦	
成公綏		雁賦	30.7.2	
成公綏		雲賦	1.1.2	
成公綏		雲賦	1.5.賦	
成公綏		賦	8.2.2	
成公綏		鴻鴈賦	30.7.2	
成公綏		鴈賦	30.7.2	

成伯陽	晉	平樂市賦	24.15.賦	即成粲
宇文昶	北周	陪駕幸終南山詩	5.8.詩	即李昶
宇文逌	北周	至渭源詩	6.8.詩	即後周滕簡王
宇文逌		道教實花序	23.1.序	
朱子奢	唐	文德皇后挽歌詩	14.10.詩	
朱子奢		請封禪表	13.8.表	
朱玄微	※	火不熱論	25.16.論	嚴氏題先唐
朱浮	後漢	與彭寵書	6.3.2	
朱超	梁	舟中望月詩	1.3.詩	
朱超		詠孤石詩	5.9.詩	
朱超		詠城上烏詩	30.5.詩	
朱超		詠貧詩	18.6.詩	
朱超		對雨詩	2.1.詩	
朱彥時	※	黑兒賦	19.3.賦	嚴氏題先唐
伍緝之	宋	春芳詩	3.1.2	
伍緝之		柳花賦	28.17.2	
伍輯之		園桃賦	異.28.3.賦	
伏挺	梁	行舟遇早霧詩	2.6.詩	
伏滔	晉	正淮論	8.9.2	
伏滔		長笛賦	16.10.1	
伏滔		長笛賦	16.10.2	
伏滔		長笛賦	16.10.2	
伏滔		長笛賦序	16.10.2	
伏滔		登故臺詩序	7.1.2	
江洪	梁	爲傅建康詠紅牋詩	21.7.詩	
江淹	梁	上建平王書	20.11.2	
江淹	※	山桃頌	異.28.3.2	題晉江淹，誤也。
江淹		江上之山賦	5.2.賦	
江淹		別賦	18.7.1	
江淹		別賦	18.7.賦	

江 淹		赤虹賦	2.7.賦	
江 淹		青苔賦	27.16.賦	
江 淹		奏宣列之樂歌辭	13.2.歌	
江 淹		爲建平王慶皇后正位章	10.1.章	
江 淹		牲出入歌辭	13.2.歌	
江 淹		扇上綵畫賦	25.7.賦	
江 淹		採石上菖蒲詩	20.7.詩	
江 淹		梁王兔園賦	24.13.賦	
江 淹		詣建平王上書	6.7.2	
江 淹		燈賦	25.13.賦	
江 淹		薦豆毛血歌辭	13.2.歌	
江 淹		雜體詩序	21.5.詩序	
江 淹		靈邱竹賦	28.18.賦	
江 逌	晉	詩	3.3.2	
江 逌		詩	18.6.詩	
江 逌		賦	7.6.2	
江 逌		賦	7.6.賦	
江 統	晉	函谷關賦	7.8.賦	
江 統		弧矢銘	22.5.銘	
江 統		珍珠銘	27.3.銘	
江智泉※	宋	宣貴妃挽歌	14.10.2	即江智淵也
江 總	陳	別袁昌州詩	18.7.詩	
江 總		明慶寺詩	23.8.詩	
江 總		皇太子太學講碑	21.4.碑	
江 總		秋日侍宴婁湖苑應詔詩	15.5.詩	
江 總		爲陳六宮謝章	10.2.陳	
江 總		宴樂脩堂應令詩	10.3.詩	
江 總		渡黃河詩	6.3.詩	
江 總		賦得一日成三賦應令詩	21.5.詩	

江　總		賦得謁帝承明廬詩	14.4.詩	
江　總	※	七夕詩	4.9.詩	以下皆題隋
江　總		九月九日至微山亭詩	4.11.詩	
江　總		三日侍宴宣猷堂曲水詩	4.6.詩	
江　總		三善殿夜望山燈詩	25.13.詩	
江　總		休沐山庭詩	20.6.詩	
江　總		侍宴瑤泉殿詩	24.4.詩	
江　總		侍宴賦得起坐彈鳴琴詩	16.1.詩	
江　總		侍宴臨芳殿詩	24.4.詩	
江　總		和衡陽殿下高樓看妓詩	15.2.詩	
江　總		南還尋草市宅詩	24.8.詩	
江　總		春詩	3.1.詩	
江　總		秋日昆明池	7.4.詩	
江　總		借劉太常說文詩	21.3.詩	
江　總		除尚書令斷表後啓	11.3.啓	
江　總		詠李詩	異.28.1.詩	
江　總		詠蟬詩	異.30.12.	
江　總		雲堂賦	24.7.賦	
江　總		歲暮還宅詩	24.8.詩	
江　總		經始興廣果寺題愷法師山房詩	23.7.詩	
江　總		落梅詩	異.28.10.2	
江　總		詩	異.28.10.2	
江　總		賦得詠琴詩	16.1.詩	
江　總		衡州九日詩	4.11.詩	
江　總		舉士詔	20.4.詔	
江　總		贈孔中丞奐詩	12.7.詩	
江　總		辭行李賦	20.5.賦	
江　總		讓吏部尚書表	11.6.表	
江　總		讓尚書僕射表	11.4.表	

羊　祐	晉	鴈賦	30.7.2	
羊　祐		鴈賦	30.7.2	
芊※勝	漢	屏風賦	25.3.賦	當爲羊勝
西涼武昭王	西涼	賢明魯顏回頌	17.2.2	
西涼武昭王		麒麟頌	29.3.頌	
何　充	晉	賀正表	4.1.2	
何　充		賀正表	4.1.2	
何　妥	隋	春敕於太常寺修正古樂詩	15.1.詩	
何　妥		樂部曹觀樂詩	15.1.詩	
何尙之	宋	奏	24.10.2	
何尙之		清暑殿賦	24.7.2	
何尙之		與延之書	12.6.2	
何尙之		華林清暑殿賦	24.4.賦	
何承天	宋	天讚	1.1.讚	
何承天		地讚	5.1.讚	
何承天		社頌	13.5.頌	
何承天		釋奠詩	14.3.2	
何承天		釋奠頌	14.3.2	
何　胥	陳	賦得待詔金馬門詩	24.10.詩	
何　晏	魏	斬虎刀銘	22.3.2	
何　晏		詩	27.15.2	
何　晏		詩	30.2.2	
何　偃	宋	月賦	1.3.2	
何　瑾	晉	悲秋	3.3.2	一作何瑾之
何敬容	梁	詠舞詩	15.5.詩	
何　遜	梁	七夕詩	4.9.詩	
何　遜		九日侍宴樂遊苑詩	4.11.詩	
何　遜		早梅詩	異.28.10.詩	
何　遜		看新婚詩	14.7.詩	
何　遜		悲行路孤墳詩	14.9.詩	
何　遜		詠早梅詩	28.10.詩	

何　遜		詠風詩	1.6.詩
何　遜		詠扇詩	25.7.詩
何　遜		詠雪詩	2.2.詩
何　遜		詠舞詩	15.5.詩
何　遜		窮鳥賦	30.5.賦
吳少微	唐	和崔侍御日用游開化寺閣詩	23.8.詩
吳　均	梁	共賦韻同詠庭中桐詩	28.16.詩
吳　均		吳城賦	24.2.賦
吳　均		探藥大布山詩	20.7.詩
吳　均		詠雪詩	2.2.詩
吳　均		詠慈姥磯石上松詩	28.13.詩
吳　均		詠寶劍詩	22.2.詩
吳　均		詠鶴詩	30.2.詩
吳　均		碎珠賦	27.3.賦
吳　均		贈周興嗣詩	18.4.詩
吳　質	魏	答曹植書	16.7.2
吳邁遠	宋	臨終詩	14.8.詩
呂　安	晉	髑髏賦	14.8.賦
宋子侯	漢	董嬌嬈詩	28.3.2
宋之問	唐	明河篇	1.1.詩
宋之問		奉使嵩山途經緱嶺詩	5.7.詩
宋之問		途中寒食詩	4.5.詩
宋之問		詠省壁畫鶴詩	24.11.詩
宋之問		過函谷關	7.8.詩
宋之問		漢江宴	7.2.詩
宋　玉	楚	大言賦	1.1.2
宋　玉		大言賦	5.1.2
宋　玉		大言賦	10.5.2
宋　玉		小言賦	10.5.2
宋　玉		長笛賦	16.10.2
宋　玉		風賦	1.6.2

宋　玉		風賦	1.6.2	
宋　玉		風賦	26.8.2	
宋　玉		風賦	1.6.賦	
宋　玉		神女賦	1.1.2	
宋　玉		神女賦	19.2.2	
宋　玉		高唐賦	2.1.2	
宋　玉		高唐賦	10.5.2	
宋　玉		高唐賦	15.1.2	
宋　玉		高唐賦并序	19.2.賦	
宋　玉		笛賦	16.10.1	
宋　玉		笛賦	16.10.賦	
宋　玉		笛賦	16.10.2	
宋　玉		笛賦	16.10.2	
宋　玉		釣賦	22.11.2	
宋　玉		登徒子好色賦	19.1.2	
宋　玉		登徒子好色賦	19.3.賦	
宋　玉		登徒子賦	19.2.2	
宋　玉		對問	2.2.2	
宋　玉		對問	15.4.2	
宋　玉		諷	2.2.2	
宋　玉		諷賦	16.1.2	
宋孝武	宋	七夕詩	4.9.1	
宋孝武		巡幸賑恤詔	13.7.2	
宋孝武帝		沙汰沙門詔	23.7.詔	
宋孝武帝		巡狩省風俗詔	13.7.2	
宋孝武帝		幸中興堂餞江夏王詩	18.7.2	
宋孝武帝		建平王宏冠表	14.6.表	
宋孝武帝		祈晴文	2.8.文	
宋孝武帝		廣陵王誕冠表	14.6.表	
宋孝武		秋詩	3.3.2	
※孝武		詩	3.3.2	當爲宋孝武秋詩。

宋南平王劉鑠	宋	七夕詠牛女詩	4.9.詩	
宋南平王劉鑠		歌	3.3.詩	
宋史※	梁	荊州樂歌	8.7.歌	當爲宗夬也。
宋史※		荊州樂歌	8.7.歌	
宋※炳	宋	獅子擊象圖序	29.1.2	當爲宗炳也。
岑文本	唐	三元頌	14.4.頌	
岑文本		太極殿前鐘銘	16.5.銘	
岑文本		奉和臨朝應詔詩	14.4.詩	
岑文本		奉述飛白書勢詩	21.3.詩	
岑文本		藉田頌	14.1.頌	
岑文本		勸封禪表	13.8.表	
岑德潤	隋	詠魚詩	30.10.詩	
岑德潤		賦得臨階危石詩	5.9.詩	
束　皙	晉	汲冢書抄	24.6.1	
束　皙		荅汲冢竹書難釋書	21.4.2	
束　皙		補亡詩	17.4.詩	
束　皙		貧家賦	18.6.賦	
束　皙		餅賦	26.17.賦	
束廣微		補亡詩	17.4.2	束皙字廣微
李　乂	唐	奉和三日祓禊渭濱詩	6.8.詩	
李　乂		奉和幸長寧公主莊詩	10.6.詩	
李　乂		長寧公主東莊侍宴詩	10.6.詩	
李　尤	後漢	七歎	28.9.2	
李　尤		七歎	28.9.2	
李　尤		九賢郭有道頌	17.2.2	
李　尤		九賢陳太丘頌	17.2.2	
李　尤		九賢嵇中散頌	17.2.2	
李　尤		九賢華太尉頌	17.2.2	
李　尤		九賢管徵君頌	17.2.2	

李　尤		小車銘	25.12.2	
李　尤		小車銘	25.12.銘	
李　尤		中東門銘	24.10.銘	
李　尤		文履銘	26.7.銘	
李　尤		永安宮銘	24.3.銘	
李　尤		印銘	26.3.銘	
李　尤		舟楫銘	25.11.銘	
李　尤		作馬鞭箠銘	22.9.2	
李　尤		門銘	24.10.銘	
李　尤	※	良弓銘	22.4.銘	題晉李尤，疑誤也。
李　尤		京師城銘	24.2.銘	
李　尤		函谷關銘	7.8.2	
李　尤		函谷關賦	7.8.賦	
李　尤		臥充銘	25.5.銘	
李　尤		弧矢銘	22.5.銘	
李　尤		武庫銘	24.9.銘	
李　尤		金羊燈銘	25.13.銘	
李　尤		金馬書刀銘	22.3.2	
李　尤		金馬書刀銘	22.3.2	
李　尤		長樂觀	15.2.1	
李　尤		長樂觀賦	15.2.1	
李　尤		津城門銘	24.10.銘	
李　尤		洛銘	6.7.詩	
李　尤		冠幘銘	26.1.銘	
李　尤		夏城門銘	24.10.銘	
李　尤		馬箠銘	22.9.銘	
李　尤		開陽門銘	24.10.銘	
李　尤		笛銘	16.10.2	
李　尤		笛銘	16.10.2	

李 尤		雲臺銘	24.6.銘	
李 尤		琴銘	16.1.銘	
李 尤		硯銘	21.8.2	
李 尤		筆銘	21.6.銘	
李 尤		辟雍賦	13.6.賦	
李 尤		雍城門銘	24.10.銘	
李 尤		漏刻銘	25.1.銘	
李 尤		銘	25.3.銘	
李 尤		銘	25.6.銘	
李 尤		德陽殿銘	24.4.銘	
李 尤		德陽殿賦	28.9.2	
李 尤		穀城門銘	24.10.銘	
李 尤		鎧銘	22.6.銘	
李 尤		鞍銘	22.7.銘	
李 尤		墨研銘	21.9.銘	
李 尤		錯佩刀銘	22.3.銘	
李 尤		鏡銘	25.9.銘	
李 尤		轡銘	22.8.銘	
李元操	陳	爲宣帝祭比干文	17.3.文	
李元操		謝蕭侍春園聽妓詩	15.2.詩	
李元操	※	園中雜詠橘樹詩	28.9.詩	題周李元操
李巨仁	隋	釣竿篇	22.11.篇	
李巨仁		賦得方塘含白水詩	6.1.詩	
李巨仁		賦得鏡詩	25.9.詩	
李 充	晉	正月七日登剡西寺詩	4.2.2	
李 充		安仁峰銘	4.2.2	
李 充		送許從詩	18.7.2	
李 充		翰林論	21.5.2	
李 充		翰林論	21.5.2	
李 充		懷愁賦	11.3.2	

※	唐	王師渡漢水經襄陽	7.2.詩	當爲李百藥
李百藥		文德皇后挽歌詩	14.10.詩	
李百藥		奉和正日臨朝應詔詩	14.4.詩	
李百藥		和許侍郎游昆明池	7.4.詩	
李百藥		雨後詩	2.8.詩	
李百藥		皇德頌	9.1.頌	
李百藥		秋晚登古城詩	24.2.詩	
李百藥		途中述懷詩	24.14.詩	
李百藥		渡漢水	7.2.詩	
李百藥		詠螢詩	30.14.詩	
李百藥		詠蟬詩	30.12.詩	
李百藥		賦得魏都詩	24.1.詩	
李百藥		戲贈潘徐城門迎兩新婦詩	14.7.詩	
李百藥		禮記詩	21.1.詩	
李百藥		勸封禪表	13.8.表	
李伯藥		寄楊公詩	18.4.詩	
李行言	唐	秋晚度廢關	7.8.詩	
李　固	後漢	上表	17.2.1	
李　固		上書	11.3.1	
李延年	漢	歌	19.2.歌	
李　重	晉	爲吏部尚書箴序	11.6.2	
李　重		集	11.6.2	
李　重		選曹尚書箴序	11.6.2	
李崇嗣	唐	寒食詩	4.5.詩	
李敬玄	唐	奉和別越王詩	10.5.詩	
李敬玄		奉和別魯王詩	10.5.詩	
李義府	唐	在嶲州遙敘封禪詩	5.3.詩	
李義府		詠鸚鵡詩	30.8.詩	
李義府		羨陪封禪詩	13.8.詩	

李德林	唐	爲隋文帝脩定五禮詔	13.1.詔	
李德林	※	夏日詩	3.2.詩	以下皆題隋
李德林		從駕巡道詩	13.7.詩	
李德林		從駕還京詩	13.7.詩	
李德林		詠山詩	5.2.詩	
李德林		詠松樹詩	28.13.詩	
李適	唐	長寧公主東莊侍宴詩	10.6.詩	
李諧	後魏	釋奠詩	14.3.2	
李嶠	唐	奉和拜洛詩	6.7.詩	
李嶠		長寧公主東莊侍宴詩	10.6.詩	
李嶠		寶劍篇	22.2.篇	
李顒	晉	凌仙賦	6.2.2	
李顒		涉湖	7.1.詩	
李顒		雪賦	2.2.2	
李顒		悲四時	3.1.2	
李顒		悲四時	3.1.2	
李顒		悲四時	3.3.2	
李顒		悲四時詩	3.1.2	
李顒		感多篇	3.4.2	
李顒		感多篇	6.5.2	
李顒		感興賦	1.1.2	
李顒		感興賦	3.3.2	
李顒		雷賦	1.7.賦	
李顒		羨夏篇	3.2.2	
李顒		賦	1.7.2	
李顒		龜賦	30.11.2	
李鏡遠	梁	日詩	1.2.詩	
杜之松	唐	敬和衛尉于卿柳詩	28.17.詩	
杜公瞻	隋	詠同心芙蓉詩	27.13.詩	
杜正倫	唐	侍宴北門詩	15.5.詩	

杜 育	晉	菽賦	26.16.2	
杜 預	晉	要集	14.9.1	
杜 預		舉賢良方正表	20.4.2	
杜審言	唐	七夕詩	4.9.詩	
杜審言		蓬萊三殿侍宴奉　詠終南山應制詩	15.5.詩	
杜臺卿	隋	淮賦序	6.5.賦	
杜摯	魏	贈母邱荊州詩	18.7.2	
沈君攸	後梁	同陸廷尉驚早蟬詩	30.12.詩	
沈君攸		待夜出妓詩	15.2.詩	
沈君攸		詠冰應教	7.5.詩	
沈君攸		賦得臨水詩	6.1.詩	
沈君道	隋	侍皇太子宴應令詩	15.5.詩	
沈佺期	唐	三月三日梨園亭侍宴詩	4.6.詩	
沈佺期		西岳詩	5.5.詩	
沈佺期		奉和立春游苑詩	24.12.詩	
沈佺期		奉和晦日幸昆明池	7.4.詩	
沈佺期		則天門觀赦詩	20.1.詩	
沈佺期		幽繫詩	20.11.詩	
沈佺期		幽繫詩	20.11.詩	
沈佺期		答甯愛州報赦詩	20.1.詩	
沈佺期		自考工員外拜給事中詩	12.3.詩	
沈佺期		詶楊給事廉見贈省中詩	12.3.詩	
沈佺期		酬蘇味道玄夏晚寓直省中詩	11.8.詩	
沈佺期		嶺表逢寒食詩	4.5.詩	
沈 約	梁	三日侍鳳光殿曲水宴詩	4.6.詩	
沈 約		三日率爾成篇	4.6.詩	
沈 約		上宋書表	21.2.表	
沈 約		千佛讚	23.5.讚	
沈 約		立左降詔	20.9.詔	

沈　約	休沐寄懷詩	20.6.詩
沈　約	見庭雨應詔詩	2.1.詩
沈　約	侍皇太子釋奠宴詩	14.3.詩
沈　約	侍遊方山應詔詩	13.7.詩
沈　約	使四方士民陳刑政詔	20.9.詔
沈　約	到著作省表	12.12.表
沈　約	和王中書德充詠白雲	1.5.詩
沈　約	和左丞庾杲之移病詩	11.7.詩
沈　約	和劉雍州繪博山香鑪詩	25.8.詩
沈　約	奉和竟陵王抄書詩	12.9.詩
沈　約	奉和竟陵王游仙詩	23.2.詩
沈　約	林光殿曲水宴詩	4.6.詩
沈　約	初春詩	3.1.詩
沈　約	冠子祝文	14.6.文
沈　約	南郊赦詔	20.1.詔
沈　約	奏彈孔稚珪違制啓假事	20.6.文
沈　約	奏彈奉朝請王希聃違假	20.6.文
沈　約	奏彈祕書郎蕭遙昌文	12.11.彈文
沈　約	奏彈御史孔纂題省壁悖慢事	24.11.彈文
沈　約	爲六宮拜章	10.2.章
沈　約	爲太子謝初表	10.3.表
沈　約	爲安陸王謝荊州章	10.5.章
沈　約	爲南郡王讓中軍表	10.5.表
沈　約	爲南郡王侍皇太子釋奠詩	14.3.詩
沈　約	爲褚炫讓吏部尙書表	11.6.表
沈　約	秋夜詩	3.3.詩
沈　約	降死罪詔	20.9.詔
沈　約	悼故中書侍郎王融詩	11.10.詩
沈　約	悼齊故吏部郎謝朓詩	11.8.詩
沈　約	寒松詩	28.13.詩

沈 約		循役朱方道路詩	24.14.詩	
沈 約		朝丹徒故宮頌	24.3.頌	
沈 約		登玄暢樓詩	24.5.詩	
沈 約		詠月詩	1.3.詩	
沈 約		詠李詩	異.28.1.詩	
沈 約		詠孤桐詩	28.16.詩	
沈 約		詠青苔詩	27.16.詩	
沈 約		詠笙詩	16.9.詩	
沈 約		詠麥李詩	28.1.詩	
沈 約		詠箏詩	16.2.詩	
沈 約		傷春詩	3.1.詩	
沈 約		園橘詩	28.9.詩	
沈 約		酬荊雍義士獻物者詔	20.2.詔	
沈 約		與范述曾論竟陵王賦書	21.5.書	
沈 約		齊太尉文憲王公墓誌銘	11.2.墓誌	
沈 約		樂將殫恩未已應詔詩	15.2.詩	
沈 約		辨聖論	17.1.論	
沈 約		舉胡元秀表	20.4.表	
沈 約		應詔詠梨詩	28.7.詩	
沈 約		謝賜甘露啓	2.5.啓	
沈 約		織女贈牽牛詩	4.9.詩	
沈 約		釋迦文佛象銘	23.5.銘	
沈 炯	陳	長安少年行	19.1.行	
沈 炯		為太傅讓表	11.1.表	
沈 炯		為周弘讓太常表	12.13.表	
沈 炯		祭漢武帝陵文	9.1.祭	
沈 炯		賦得為我彈清琴詩	16.1.詩	
沈 炯		賦得邊馬有歸心詩	29.4.詩	
沈 旋	梁	詠螢火詩	30.14.詩	
沈 趨※	梁	賦得霧詩	2.6.詩	逯氏題沈趍

沈懷遠	宋	長鳴雞讚	30.3.2	
辛德源	隋	姜肱讚	17.5.讚	
邢子才	北齊	三日華林園公宴詩	4.6.詩	
邢子才		冬日傷志詩	3.4.詩	
邢子才		賀老人星詩	1.4.詩	
邢子才		酬魏收冬夜直史館詩	3.4.詩	
邢子才		酬魏收冬夜直史館詩	12.12.詩	
阮　卓	隋	賦得風詩	1.6.詩	
阮　卓		賦得蓮下遊魚詩	30.10.詩	
阮　修	晉	上巳詩	4.6.詩	
阮　瑀	後漢	七哀詩	14.8.詩	
阮　瑀		詩	14.5.2	
阮　瑀		箏賦	16.2.1	
阮　瑀		箏賦	16.2.2	
阮　瑀		箏賦	16.2.賦	題魏阮瑀
阮　瑀		樂府詩	28.17.2	
阮　瞻	晉	上巳會賦	4.6.賦	
阮　籍	晉	大人先生歌	3.4.2	
阮　籍		詠懷詩	1.6.2	
阮　籍		詠懷詩	2.5.2	
阮　籍		詠懷詩	3.4.2	
阮　籍		詩	1.3.2	
阮　籍		詩	5.1.2	
阮　籍		詩	19.2.2	
阮　籍		詩	27.10.2	
阮　籍		詩	27.10.2	
阮　籍		詩	28.12.2	
阮　籍		詩	28.12.2	
阮　籍		樂論	15.1.2	
阮　籍		論	15.1.2	
阮　籍		論	15.1.2	

阮　籍		獼猴賦	29.15.2	
阮　籍		詩	19.2.詩	
阮　籍		詩	19.2.詩	
宗　懍	後周	早春詩	3.1.詩	
宗　懍		春望詩	3.1.詩	
宗　懍		麟趾殿詠新井	7.6.詩	
宗　羈	後周	登渭橋	7.7.詩	
東方朔	漢	與公孫弘書	18.2.2	
明慶餘	隋	死烏詩	30.5.詩	
來　濟	唐	出玉關絕句	7.8.詩	
周弘正	陳	入武關	7.8.詩	
周弘正		於長安詠鴈詩	30.7.詩	
周弘正		看新婦詩	14.7.詩	
周弘正		詠老敗　雞詩	異.30.3.詩	
周弘正		詠班竹掩團扇詩	25.7.詩	
周弘正		詠歌人偏得日照詩	15.4.詩	
周弘正		學中早起聽講	21.4.詩	
周弘讓	陳	立秋詩	3.3.詩	
※弘讓		春夜醮五岳圖文詩	13.2.詩	當爲周弘讓
周弘讓		賦長吐清氣詩	16.10.詩	
周　祗	晉	交箴	18.2.箴	
周　祗		執友箴	18.2.2	
周　祗		執友箴	18.2.2	
到　溉	梁	詠琴詩	16.1.詩	
枚　乘	漢	七發	3.1.2	
枚　乘		七發	6.4.1	
枚　乘		七發	28.16.2	
枚　乘		月賦※	1.3.2	嚴氏題作公孫乘作。
枚　乘		兔園賦	10.5.2	
枚　乘		柳賦	28.17.2	
枚　乘		梁王兔園賦	28.18.2	

侯　瑾	後漢	述志詩	10.1.2	
侯　瑾		箏賦	16.2.2	
侯　瑾		箏賦	16.2.2	
侯　瑾		箏賦	16.2.賦	
姚　察	隋	賦得笛詩	16.10.詩	
後周明帝	後周	脩起寺詔	23.8.詔	
※周明帝		過舊宮詩	24.3.詩	題周明帝
※周明帝		還舊宮詩	13.7.詩	
後周武帝	後周	立通道觀詔	23.4.詔	
後梁宣帝	後梁	大梨詩	28.7.詩	
後梁宣帝		詠弓詩	22.4.詩	
後梁宣帝		詠紙詩	21.7.詩	
後梁宣帝		詠履詩	26.7.詩	
後梁宣帝		詠蘭詩	27.11.詩	
後梁宣帝		櫻桃賦	28.4.賦	
後梁宣帝		兗詩	25.5.詩	
後漢章帝	後漢	巡幸詔	13.7.2	
後魏太武帝	北魏	作黃金盤鏤以白銀銘	27.2.銘	
後魏文帝	北魏	祭濟文	6.6.祭文	
後魏孝文帝		立僧尼制詔	23.7.詔	
後魏孝文帝		祭岱岳文	5.3.祭文	
後魏孝文帝		祭河文	6.3.文	
後魏孝文帝		祭恆岳文	5.6.文	
後魏孝文帝		祭嵩高山文	5.7.祭文	
柳惲	梁	七夕穿針詩	4.9.詩	
柳惲		詩	25.6.詩	
柳顧言	隋	奉和春臨渭水應令詩	6.8.詩	
柳顧言		奉和晚日楊子江應教詩	6.4.詩	
柳顧言		詠死牛詩	29.5.詩	
皇甫規	後漢	女師箴	10.1.2	
皇甫謐	晉	女怨詩	14.7.2	

胡元範	唐	奉和太子納妃詩	10.4.詩	
胡師耽	隋	登終南山擬古詩	5.8.詩	
胡 綜	吳	大牙旗賦	22.1.賦	
胡伯始	後漢	印衣銘	26.3.銘	
胡 廣		侍中箴	12.1.箴	
胡 廣		笏銘	26.4.銘	
胡 濟	晉	甘賦	28.8.2	
胡 濟		黃甘賦	28.8.2	
胡 濟		黃（〔黃〕下似有脫字）賦	異.28.8.賦	當為胡濟黃甘賦。
郎 顗	後漢	上書	1.7.1	
紀少瑜	梁	詠月中飛螢詩	30.14.詩	
紀少瑜		詠殘燈詩	25.13.詩	
紀少瑜		遊建興苑詩	24.12.詩	
苟倫※	宋	與河伯牋	6.3.牋	又作荀倫
范 泰	宋	為宋公祭嵩山文	5.7.祭文	
范 堅	晉	安石榴賦	28.11.2	
范 堅		安石榴賦	28.11.2	
范 雲	梁	悲廢井	7.6.詩	
范 雲		詠早蟬詩	異.30.12.詩	
范 雲		園橘詩	28.9.詩	
范 雲		贈竣公道人詩	3.3.詩	
范 雲		與王中書詩	12.1.2	題散騎常范雲
范 雲		與王中書詩	12.1.2	題散騎常范雲
范靖妻沈氏※	梁	詠燈詩	25.13.詩	即沈滿願
范 甯	晉	表	28.8.2	
范 甯		教	21.7.2	
范廣泉	宋	征虜亭餞王少傅詩	18.7.2	又作范廣淵
范廣泉		征虜亭餞王少傅詩	18.7.2	

范 曄	宋	皇后紀論	10.1.論	
范 曄		樂遊應詔詩	13.7.詩	
韋 孟	漢	諷楚元王四言詩	18.3.詩	
韋承慶	唐	直中書省詩	11.10.詩	
韋 挺	唐	涇水讚	6.9.讚	
韋嗣立	唐	奉和三日祓禊渭濱詩	6.8.詩	
韋仲將※	魏	墨方	21.9.2	即韋誕也。
韋 誕		皇后親蠶頌	14.2.頌	
唐太宗	唐	入潼關	7.8.詩	
唐太宗		小山賦	5.2.賦	
唐太宗		山閣晚秋詩	3.3.詩	
唐太宗		月晦詩	4.4.詩	
唐太宗		冬日臨昆明池	7.4.詩	
唐太宗		冊太子妃文	10.4.冊	
唐太宗		冊荊州都督荊王元景	10.5.冊	
唐太宗		冊梁州都督漢王元昌	10.5.冊	
唐太宗		冊蘇亶女爲太子妃詔	10.4.詔	
唐太宗		正授顏師古祕書監詔	12.9.詔	
唐太宗		同賦含峰雲詩	1.5.詩	
唐太宗		守歲詩	4.14.詩	
唐太宗		守歲詩	4.14.詩	
唐太宗		於太原召侍臣賜宴守歲詩	4.14.詩	
唐太宗		初秋夜坐詩	3.3.詩	
唐太宗		初夏詩	3.2.詩	
唐太宗		度秋詩	3.3.詩	
唐太宗		春日望海詩	6.2.詩	
唐太宗		皇帝三層閣上置音聲詩	15.1.詩	
唐太宗		秋日詩	3.3.詩	
唐太宗		秋日詩	3.3.詩	
唐太宗		秋日翠微宮詩	3.3.詩	

唐太宗	重幸武功詩	13.7.詩	
唐太宗	首春詩	3.1.詩	
唐太宗	晉武帝紀論	9.1.論	
唐太宗	望送魏徵葬詩	14.9.詩	
唐太宗	望終南山詩	5.8.詩	
唐太宗	祭北岳恆山文	5.6.文	
唐太宗	祭魏太祖文	9.1.祭	
唐太宗	詠小山詩	5.2.詩	
唐太宗	詠雨詩	2.1.詩	
唐太宗	隋高祖論	9.1.論	
唐太宗	頌	9.1.頌	
唐太宗	賦得浮橋	7.7.詩	
唐太宗	賜蕭瑀詩	20.2.詩	
唐太宗	遼東山夜臨秋詩	3.3.詩	
唐太宗	餞中書侍郎來濟詩	11.10.詩	
唐太宗	臨洛水詩	6.7.詩	
唐太宗文武聖皇帝	冬狩詩	22.10.詩	
唐太宗文武聖皇帝	出獵詩	22.10.詩	
唐太宗文武聖皇帝	尚書詩	21.1.詩	
唐太宗文武聖皇帝	詠弓詩	22.4.詩	
唐太宗文武聖皇帝	詠司馬彪續漢志詩	21.2.詩	
唐太宗文武聖皇帝	詠桃詩	異.28.3.詩	
唐太宗文武聖皇帝	詠櫻桃詩	異.28.4.啓	
唐太宗文武聖皇帝	過舊宅詩	24.8.詩	
唐太宗文武聖皇帝	賦簾詩	25.4.詩	
唐太宗文武聖皇帝	賜房玄齡詩	20.2.詩	
唐太宗文皇帝	祭比干文	17.3.文	
唐太宗文皇帝	採芙蓉詩	27.13.詩	
唐太宗文皇帝	詠芳蘭詩	27.11.詩	

唐太宗文皇帝	詠春池柳詩	28.17.詩	
唐太宗文皇帝	詠烏代師道詩	30.5.詩	
唐太宗文皇帝	詠飲馬詩	29.4.詩	
唐太宗文皇帝	詠燭詩	25.14.詩	
唐太宗文皇帝	詠燭詩	25.14.詩	
唐太宗文皇帝	鳳賦	30.1.賦	
唐太宗文皇帝	賦得竹詩	28.18.詩	
唐太宗文皇帝	賦得弱柳鳴秋蟬詩	30.12.詩	
唐太宗文皇帝	賦得殘花菊詩	27.12.詩	
唐太宗文皇帝	賦得臨池柳詩	28.17.詩	
唐太宗文皇帝	賦秋日懸清光賜房玄齡詩	1.2.詩	
唐太宗文皇帝	賦得白日半西山詩	1.2.詩	
唐太宗文皇帝	遼城望月詩	1.3.詩	
唐太宗皇帝	冬宵各爲四韻	15.5.詩	
唐太宗皇帝	正月臨朝詩	14.4.詩	
唐太宗皇帝	初晴落景詩	2.8.詩	
唐太宗皇帝	春日玄武門宴群臣詩	15.5.詩	
唐太宗皇帝	望雪詩	2.2.詩	
唐太宗皇帝	探得李詩	28.1.詩	
唐太宗皇帝	詠風詩	1.6.詩	
唐太宗皇帝	詠桃詩	28.3.詩	
唐太宗皇帝	詠琵琶詩	16.3.賦	
唐太宗皇帝	置酒坐飛閣詩	15.5.詩	
唐太宗皇帝	遠山澄碧霧詩	2.6.詩	
唐太宗皇帝	賦得早鴈出雲鳴詩	30.7.詩	
唐太宗皇帝	賦得李詩	28.1.詩	
唐太宗皇帝	賦得櫻桃春爲韻詩	28.4.詩	
唐太宗皇帝	賦得花庭霧詩	2.6.詩	
※	賦得夏首啓節詩	3.2.詩	當爲唐太宗作

唐中宗	唐	授李承嘉戶部尚書制	11.5.制	
唐中宗		授張錫工部尚書制	11.5.制	
唐中宗		授楊再思檢校左臺大夫制	12.6.制	
唐中宗		賜成王千里衣物敕	20.2.制	
唐中宗		賜駙馬封制	10.7.制	
唐中宗孝和皇帝		斷進獻奇巧制	20.2.詔	
唐中宗孝和皇帝		授韋嗣立黃門侍郎制	12.2.制	
唐中宗孝和皇帝		慮囚制	20.10.制	
唐中宗孝和皇帝		賞張仁愿制	20.2.制	
唐高宗	唐	過溫湯	7.3.詩	
唐高宗天皇大帝		建東都詔	24.1.詔	
唐高宗皇帝		太子納妃太平公主出降詩	14.7.詩	
唐※越王貞	唐	奉和過溫湯	7.3.詩	
※	後漢	遠夷慕德歌詩	15.3.詩	當作唐蔡
※		遠夷懷德歌詩	15.3.詩	
唐睿宗	唐	晉宣帝讚	9.1.讚	
唐睿宗		梁武帝讚	9.1.讚	
唐睿宗		漢高祖讚	9.1.讚	
唐韓王元嘉	唐	奉和周太子監守違戀詩	10.3.詩	
夏侯玄	魏	皇胤賦	10.5.賦	
夏侯湛	晉	大暑賦	3.2.賦	
夏侯湛		大暑賦	4.8.2	
夏侯湛		大暑賦	4.8.2	
夏侯湛		左丘明讚	17.2.讚	
夏侯湛		石榴賦	28.11.2	
夏侯湛		石榴賦	28.11.賦	
夏侯湛		春可樂	3.1.2	
夏侯湛		春可樂	3.1.2	
夏侯湛		秋可哀	3.3.2	
夏侯湛		秋可哀賦	3.3.2	
夏侯湛		浮萍賦	27.15.賦	

夏侯湛		笙賦	16.9.賦	
夏侯湛		閔子騫讚	17.4.讚	
夏侯湛		雷賦	1.7.賦	
夏侯湛		禊賦	4.6.賦	
夏侯※		脾舞賦	15.5.2	當爲夏侯湛
夏侯湛		脾舞賦	15.5.2	
孫　氏	※	賦	16.4.2	未詳
孫　放	晉	西寺銘	21.7.2	
孫　惠	晉	龜言賦	30.11.2	
孫登※	晉	天台賦	5.7.2	當爲孫綽遊天山賦。
孫　敬		芙蓉賦	27.13.2	疑爲閔鴻之作
孫子荊	晉	八賢管仲讚	17.2.2	孫楚字子荊
孫子荊		八賢讚	17.2.2	
孫　楚		之馮翊祖道詩	18.7.2	
孫　楚		井賦	28.2.2	
孫　楚		太僕座上詩	12.20.詩	
孫　楚		西征官屬於陟陽候祖道詩	18.7.2	
孫　楚		征西官屬於陟陽候祖道詩	18.7.2	
孫　楚		祖道詩	5.1.2	
孫　楚		陟陽候詩	18.7.2	
孫　楚		祭子推文	4.5.1	
孫　楚		牽招碑	18.2.碑	
孫　楚		登樓賦	24.5.賦	
孫　楚		登樓賦	5.8.2	
孫　楚		登樓賦	24.5.2	
孫　楚		蓮華賦	27.13.2	
孫　楚		賦	7.6.賦	
孫　楚		鴈賦	30.7.2	
孫　楚		蟬賦	異.30.12.2	
孫　楚		鷹賦	30.4.2	

孫 該	魏	三公山下祠賦	13.2.賦	
孫 該		琵琶賦	16.3.2	
孫 該		琵琶賦	16.3.2	
孫 該		琵琶賦	16.3.賦	
孫 該		詠琵琶賦	16.3.2	
孫萬壽	隋	東歸在路詩	24.14.詩	
孫 綽	晉	天台山賦	7.5.2	
孫 綽		老子讚	23.1.讚	
孫 綽		原憲讚	17.2.2	
孫 綽		望海賦	30.10.2	
孫 綽		詩序	4.6.2	
孫 綽		賀司空循像讚	11.2.讚	
徐伯陽	陳	皇太子釋奠頌	14.3.頌	
徐 昉	梁	賦得蝶依草詩	異.30.13.詩	
徐 昉		賦得蝶依草應令詩	30.13.詩	
徐 怦	梁	夏詩	3.2.詩	
徐彥伯	唐	奉和三日被禊渭濱詩	6.8.詩	
徐彥伯		奉和送金城公主詩	10.6.詩	
徐彥伯		淮亭吟	6.5.吟	
徐彥伯		贈劉舍人古意詩	11.11.詩	
徐 爰	宋	詠牛女詩	4.9.2	
徐 爰		賦	14.1.2	
徐 爰		賦	14.1.2	
徐 爰		釋問	26.1.2	
徐 爰		釋問注	10.3.2	
徐 虔	晉	郊廟明堂議	13.6.2	
徐 虔		郊廟明堂議	13.6.2	
徐 珩	唐	日暮望涇水詩	6.9.詩	
徐 勉	梁	詠琵琶詩	16.3.賦	
徐 勉		萱草花賦	27.14.賦	
徐 勉		謝敕賜絹啓	27.9.啓	
徐 勉		鵲賦	30.6.賦	

徐　陵	陳	丹陽上庸路碑銘	24.14.銘	
徐　陵		太極殿銘	24.4.銘	
徐　陵		日華詩	1.2.詩	
徐　陵		同江詹事登宮城南樓詩	10.3.詩	
徐　陵		鬥雞詩	異.30.3.詩	
徐　陵		詠甘詩	28.8.詩	
徐　陵		詠舞詩	15.5.詩	
徐　陵		讓左僕射表	11.4.表	
徐湛之	宋	翠龜表	30.11.2	
徐　幹	後漢	七喻	26.12.2	
徐　幹		哀別賦	18.7.2	
徐　幹		喜夢賦	7.2.2	
徐　摛	梁	夏詩	3.2.詩	
徐　摛		詠筆詩	21.6.詩	
徐　廣	晉	三日臨水詩	4.6.2	晉宋之際
徐　廣		秋賦	3.3.2	
徐　廣		釣賦	22.11.2	
徐賢妃	唐	秋風函谷應詔	7.8.詩	
桓　玄	晉	南遊山詩序	5.4.2	
桓　玄		南遊衡山序	5.4.2	
桓　玄		南遊衡山詩序	5.4.序	
桓　玄		鳳皇賦	30.1.2	
桓　譚	後漢	仙賦序	5.5.2	
殷仲堪	晉	天聖論	17.1.論	
殷　芸	梁	詠舞詩	15.5.詩	
班　固	漢	西京賦	7.4.2	
班　固		西都賦	2.5.2	
班　固		西都賦	5.8.2	
班　固		西都賦	7.4.2	
班　固		西都賦	8.3.1	

班　固	西都賦	10.1.2	
班　固	西都賦	10.1.2	
班　固	西都賦	12.19.2	
班　固	西都賦	24.1.2	
班　固	西都賦	24.1.2	
班　固	西都賦	24.1.2	
班　固	西都賦	24.7.2	
班　固	西都賦	24.14.2	
班　固	西都賦	24.15.2	
※	西都賦	1.5.2	
※	西都賦	8.3.2	
班　固	西都賦	18.1.賦	
班　固	西都賦	24.1.賦	
班　固	典引	2.5.2	
班　固	典引	7.4.2	
班　固	典引	21.2.2	
班　固	東巡頌	13.7.2	
班　固	東巡頌	13.7.頌	
班　固	東巡頌	22.8.2	
班　固	東都賦	9.1.2	
班　固	東都賦	15.3.2	
班　固	東都賦	22.10.2	
班　固	東都賦	24.12.2	
班　固	南巡頌	13.7.2	
班　固	南巡頌	13.7.頌	
班　固	終南山賦	5.8.賦	
班　固	漢頌論功歌	15.4.2	
班　固	與竇憲牋	22.3.2	
班孟堅	幽通賦	17.2.2	班固字孟堅

班叔皮	漢	王命論	9.1.2	班彪字叔皮
班叔皮		王命論	9.1.論	
班叔皮		冀州賦	8.4.賦	
班　彪		王命論	9.1.2	
班婕妤	漢	自傷悼賦	10.2.賦	題漢成帝班婕妤
班婕妤		怨歌行	1.3.2	
班婕妤		怨歌行	2.2.2	
班婕妤		怨歌行	2.3.2	
班婕妤		詩	1.6.2	
秦　嘉	後漢	述婚詩	14.7.詩	
秦　嘉		述婚詩	14.7.詩	
祖台之	晉	道論	17.1.2	
祖孝徵	北齊	挽歌詩	14.10.詩	
祖孝徵		望海詩	6.2.詩	
祖孫登	陳	登宮殿名登臺詩	24.6.詩	
祖孫登		詠水詩	6.1.詩	
祖孫登		詠風詩	1.6.詩	
祖孫登		蓮調詩	6.1.詩	
神洊※	梁	芳林園甘露頌	2.5.頌	當作褚洊
荀　況	楚	禮賦	13.1.賦	
荀　勗	晉	三月三日從華林園詩	4.6.2	
荀　勗		集	11.11.2	
荀　勗		從武帝華林園宴詩	14.5.2	
荀　雍	宋	臨川亭詩	18.7.2	
袁　安	後漢	夜酣賦	15.1.2	
袁伯文	宋	述山貧詩	18.6.詩	
袁　朗	唐	秋日應詔詩	3.3.詩	
袁　豹	晉	秋霖賦	1.5.2	

袁　淑	宋	大蘭王九錫文	29.9.文	
袁　淑		秋情賦	3.3.2	
袁　淑		秋情賦	3.3.2	
袁　淑		俳諧集	29.6.2	
袁　淑		俳諧集	29.9.2	
袁　淑		俳諧集	29.15.2	
袁　淑		俳諧集盧山公九錫文	29.6.文	
袁　淑		效白馬篇	5.1.2	
袁　淑		詠冬至詩	4.12.詩	
袁　奭	北齊	從駕遊仙詩	13.7.詩	
袁　慶	隋	奉和月夜觀星詩	1.4.詩	
袁　曜	後魏	釋奠詩	14.3.2	
袁　曜		釋奠詩	14.3.2	
郝　默	晉	舞賦	15.5.2	
馬元熙	北齊	日晚彈琴詩	16.1.詩	
馬衍※	後漢	車銘	25.12.銘	當作馮衍
馬　融	後漢	自敘	16.10.1	
馬　融		東巡頌	13.7.2	
馬　融		長笛賦	16.10.1	
馬　融		長笛賦	16.10.2	
馬　融		長笛賦	16.10.2	
馬　融		長笛賦	16.10.2	
馬　融		長笛賦	16.10.2	
馬　融		長笛賦	16.10.賦	
馬　融		琴賦	5.4.2	
馬懷素	唐	興慶池侍宴應制詩	15.5.詩	
高　允	後魏	祭岱宗文	5.3.祭文	
高若思	唐	勸封禪表	13.8.表	
高驪定法師	陳	詠孤石詩	5.9.詩	
崔仲方	隋	奉和周趙王詠石詩	5.9.詩	

崔　浩	後魏	女儀	4.12.1	題後魏北京司徒崔浩
崔　液	唐	夜遊詩	4.3.詩	
崔　液		夜遊詩	4.3.詩	
崔　液		夜遊詩	4.3.詩	
崔　琦	漢	七蠲	15.1.2	
崔　琦		七蠲	28.16.2	
崔　篆	漢	御史箴	12.6.2	
崔　駰	漢	婚禮文	14.7.2	
崔　融	唐	戶部尙書挽歌詩	11.5.詩	
崔　融		則天皇后挽歌詩	14.10.詩	
崔　融		則天皇后挽歌詩	14.10.詩	
崔　融		詠劍詩	22.2.詩	
崔　湜	唐	長寧公主東莊侍宴詩	10.6.詩	
崔　琰	魏	述征賦	8.2.2	
崔　琰		遂初賦	6.2.2	
崔　寔	後漢	大赦賦	20.1.賦	
崔　寔		諫議大夫箴	12.5.箴	
崔　瑗	漢	鮑德誄	12.14.2	
崔　瑗		東觀箴	12.9.箴	
崔　瑗		關都尉箴	7.8.箴	
崔　駰	漢	七依	15.5.2	
崔　駰		七依	27.10.1	
崔　駰		七依	28.16.2	
崔　駰		太尉箴	11.2.箴	
崔　駰		司空箴	11.2.箴	
崔　駰		司徒箴	11.2.箴	
崔　駰		冬至襪銘	4.12.2	
崔　駰		北巡狩	13.7.2	
崔　駰		北巡頌	13.7.2	

崔 駰		北巡頌	13.7.2	
崔 駰		西巡頌	13.7.2	
崔 駰		車右銘	25.12.銘	
崔 駰		東巡頌	13.7.頌	
崔 駰		東巡頌	13.7.2	
崔 駰		南巡頌	13.7.2	
崔 駰		箴	12.13.箴	
崔 駰		襪銘	4.12.1	
崔德正※		大理箴	12.21.箴	當爲崔駰作
常 景	後魏	古賢詩	17.2.2	
庾玄默	晉	冰井賦※	異.28.1.2	庾儵字玄默，當爲冰井賦。
庾 冰	晉	集用樂謨詔草	12.16.2	
庾 抱	唐	賦得胥臺露詩	2.5.詩	
庾肩吾	梁	七夕詩	4.9.詩	
庾肩吾		三日侍蘭亭曲水宴詩	4.6.詩	
庾肩吾		石橋	7.7.詩	
庾肩吾		同蕭左丞詠摘梅花詩	28.10.詩	
庾肩吾		侍宴九日詩	4.11.詩	
庾肩吾		侍宴宣猷堂應令詩	15.5.詩	
庾肩吾		和徐主簿望月詩	1.3.詩	
庾肩吾		和望月詩	1.3.詩	
庾肩吾		和劉明府觀湘東王書詩	12.9.詩	
庾肩吾		奉和汎舟漢水往萬山應教	7.2.詩	
庾肩吾		爲寧國公讓中書郎表	11.10.表	
庾肩吾		看放市詩	24.15.詩	
庾肩吾		從皇太子出玄圃詩	24.13.詩	
庾肩吾		詠胡床應教詩	25.5.詩	
庾肩吾		詠疏圃堂詩	24.7.詩	
庾肩吾		詠舞曲詩	15.5.詩	

庾肩吾		詠舞詩	15.5.詩	
庾肩吾		詩	異.28.10.詩	
庾肩吾		新亭送劉之遴詩	18.7.詩	
庾肩吾		歲盡應令詩	4.14.詩	
庾肩吾		過建昌故臺詩	24.6.詩	
庾肩吾		賦得山詩	5.2.詩	
庾肩吾		賦得池萍詩	27.15.詩	
庾肩吾		謝武陵王賚絹啓	27.9.啓	
庾肩吾		謝賚銅硯筆格啓	21.6.啓	
庾肩※		謝櫻桃啓	異.28.4.啓	肩下似脫吾字
庾　信	※	七夕賦	4.9.賦	以下皆題隋
庾　信		太廟晨裸歌辭	13.4.歌	
庾　信		方澤降神歌辭	13.3.歌	
庾　信		舟中望月詩	1.3.詩	
庾　信		和何儀同講竟述懷詩	21.4.詩	
庾　信		和初秋詩	3.3.詩	
庾　信		春賦	3.1.賦	
庾　信		夏日應令詩	3.2.詩	
庾　信		送炅法師葬詩	14.9.詩	
庾　信		晚秋詩	3.3.詩	
庾　信		詠舞詩	15.5.詩	
庾　信		聽歌詩	15.4.詩	
庾　信	北周	三月三日華林園馬射賦	4.6.賦	
庾　信		在司水看修渭橋	7.7.詩	
庾　信		和趙王看妓詩	15.2.詩	
庾　信		和趙王游仙詩	23.2.詩	
庾　信		和炅法師游昆明池	7.4.詩	
庾　信		奉和泛江詩	6.4.詩	
庾　信		初晴詩	2.8.詩	
庾　信		看妓詩	15.2.詩	
庾　信		秋夜望單飛鴈詩	30.7.詩	

庾　信		袁盎諫文帝讚	17.3.讚	
庾　信		將命至鄴詩	20.5.詩	
庾　信		望渭水詩	6.8.詩	
庾　信		終南山義谷銘	5.8.銘	
庾　信		喜晴詩	2.8.詩	
庾　信		答林法師詩	18.7.詩	
庾　信		答移市教	24.15.教	
庾　信		詠屏風詩	25.3.詩	
庾　信		詠屏風詩	25.3.詩	
庾　信		詠春詩	3.1.詩	
庾　信		詠梅花詩	28.10.詩	
庾　信		詠鏡詩	25.9.詩	
庾　信		溫湯碑序	7.3.序	
庾　信		詩	異.28.10.2	
庾　信		詩	異.28.10.2	
庾　信		對燭賦	25.14.賦	
庾　信		趙國公集序	21.5.集序	
庾　信		燈賦	25.13.賦	
庾　信		麟趾殿校書和劉儀同詩	12.9.詩	
庾　信		鬥雞詩	異.30.3.詩	
庾　統	晉	三人讚	17.5.讚	
※		朱明張臣尉讚	17.5.讚	當爲東晉庾統
庾肅之	晉	山讚	5.2.2	
庾肅之		水讚	6.1.讚	
庾肅之		玉讚	1.3.2	
庾肅之		松讚	28.13.2	
庾　翼	晉	與慕容皝鎧書	22.6.書	
庾　闡	晉	吳都賦	30.10.2	
庾　闡		建武頌	5.7.2	
庾　闡		惡餅賦序	26.17.序	
庾　闡		詩	1.4.2	

庾　闡		詩	15.1.2	
庾　闡		遊衡山詩	5.4.詩	
庾　闡		楊都賦	24.1.賦	
庾　闡		樂賢堂頌	24.7.頌	
庾　闡		斷酒誡	26.11.誡	
張大安	唐	奉和別越王詩	10.5.詩	
張子並	漢	誚青衣賦	19.6.賦	張超字子並
張文恭	唐	七夕詩	4.9.詩	
張文琮	唐	太宗文皇帝頌	17.1.頌	
張文琮		同潘屯田冬日早朝詩	14.4.詩	
張文琮		和楊舍人詠中書省花樹詩	11.11.詩	
張文琮		詠水詩	6.1.詩	
張文琮		賦橋	7.7.詩	
張正見	陳	日中市朝滿詩	24.15.詩	
張正見		公無渡河詩	6.3.詩	
張正見		玄圃觀春雪詩	2.2.詩	
張正見		石賦	5.9.賦	
張正見		和楊侯送袁金紫葬詩	14.9.詩	
張正見		和諸葛覽從軍游獵詩	22.10.詩	
張正見		和衡陽王秋夜詩	3.3.詩	
張正見		春初賦得池應教詩	3.1.詩	
張正見		星名從軍詩	1.4.詩	
張正見		秋蟬喝柳應衡陽王教詩	30.12.詩	
張正見		風生翠竹裏應教詩	1.6.詩	
張正見		浦狹村煙度詩	25.15.詩	
張正見		衰桃賦	異.28.3.賦	
張正見		釣竿篇	22.11.篇	
張正見		寒樹晚蟬	異.30.12.詩	
張正見		寒樹晚蟬詩	異.30.12.詩	
張正見		賦得山中翠竹詩	28.18.詩	

張正見		賦得白雲臨酒詩	1.5.詩	
張正見		賦得垂柳映斜谿詩	28.17.詩	
張正見		賦得威鳳棲梧桐詩	30.1.詩	
張正見		賦得秋河曙耿耿詩	1.1.詩	
張正見		賦得雪映夜舟詩	25.11.詩	
張正見		賦得魚躍水花生詩	30.10.詩	
張正見		賦得寒樹晚蟬詩	30.12.詩	
張正見		賦得題新雲詩	1.5.詩	
張正見		賦新題得蘭生野巡詩	27.11.詩	
張正見		賦新題梅林輕雨應教詩	2.1.詩	
張正見		錢啓	27.5.啓	
張正見		應衡陽王教詠雪詩	2.2.詩	
張正見		薄帷鑒明月詩	1.3.詩	
張正見		藉田詩	14.1.詩	
張　協	晉	七命	16.1.2	
張　協		七命	22.10.2	
張　協		七命	24.11.1	
張　協		七命	26.12.2	
張　協		七命	26.14.2	
張　協		七命	28.16.2	
張　協		太阿劍銘	22.2.銘	
張　協		文身刀銘	22.3.銘	
張　協		安石榴賦	28.11.2	
張　協		安石榴賦	28.11.2	
張　協		洛禊賦	6.7.2	
張　協		洛禊賦	4.6.賦	
張　協		詩	1.1.2	
張　協		詩	3.3.2	
張　協		霖雨詩	15.4.2	
張　協		雜詩	3.1.2	

張　奐	漢	芙蓉賦	27.13.2	
張　奐		與延叔堅書	18.2.2	
張旭※	後漢	華嶽碑序	5.5.序	當爲張昶
張　超	漢	尼父頌	17.1.頌	
張　敏	晉	奇士劉披賦	5.9.2	
張　望	宋	蠟除詩	4.13.詩	
張　望		詩	18.6.詩	
張　率	梁	太廟齋夜詩	13.4.詩	
張　率		詠霜詩	2.3.詩	
張　率		詠躍魚應詔詩	30.10.詩	
張　率		繡賦	27.7.賦	
張景陽	晉	七命	24.12.2	
張　華		三月三日後園會詩	4.6.詩	
張　華		女史箴	10.1.2	
張　華		女史箴	10.2.箴	
張　華		上巳篇	4.6.2	
張　華		上巳篇	4.6.詩	
張　華		上巳篇	15.2.2	
張　華		大司農箴	12.14.箴	
張　華		中宮歌詩	10.1.詩	
張　華		冬初歲小會詩	3.4.詩	
張　華		尚書令箴	11.3.箴	
張　華		晉武皇后哀策文	10.1.2	
張　華		眞人篇	28.1.2	
張　華		感婚詩	14.7.詩	
張　華		感婚賦	14.7.賦	
張　華		詩	5.1.2	
張　華		詩	14.5.2	
張　華		詩	28.4.2	

張　華		輕薄篇	15.2.2	
張　華		輕薄篇	15.5.2	
張　華		輕薄篇	22.9.2	
張　華		雜詩	3.4.詩	
張　載	晉	七哀詩	14.8.詩	
張　載		□舞賦	15.5.2	
張　載		□舞賦	15.5.2	
張　載		述懷詩	18.7.2	
張　載		詩	28.2.2	
張　載		濛汜池賦	7.4.2	
張　載		□舞賦	15.4.2	
張　載		酃酒賦	26.11.賦	
張　暢	宋	河清頌	6.3.頌	
張　融	南齊	別詩	18.7.詩	
張　翰	晉	豆羹賦	26.15.賦	
張　翰		豆羹賦	27.10.賦	
張　翰		詩序	21.7.2	
張　衡	漢	七命	2.3.2	
張　衡		羽獵賦	22.10.2	
張　衡		西京賦	1.1.2	
張　衡		西京賦	5.1.2	
張　衡		西京賦	5.5.2	
張　衡		西京賦	5.8.2	
張　衡		西京賦	7.4.2	
張　衡		西京賦	7.4.2	
張　衡		西京賦	7.4.2	
張　衡		西京賦	7.4.2	
張　衡		西京賦	7.4.2	
張　衡		西京賦	7.4.2	
張　衡		西京賦	7.8.2	

張　衡	西京賦	10.1.2	
張　衡	西京賦	12.19.2	
張　衡	西京賦	12.19.2	
張　衡	西京賦	16.5.2	
張　衡	西京賦	16.5.2	
張　衡	西京賦	24.5.2	
張　衡	西京賦	24.6.2	
張　衡	西京賦	24.12.2	
張　衡	西京賦	24.15.1	
※	西京賦	8.3.2	當爲張衡作
※	西京賦	8.3.2	
※	西京賦	8.3.2	
※	西京賦	9.1.2	
※	西京賦	15.2.1	
張　衡	羽獵賦	22.10.賦	
張　衡	巡狩誥	13.7.2	
張　衡	東京賦	4.14.1	
張　衡	東京賦	8.2.2	
張　衡	東京賦	9.1.2	
張　衡	東京賦	13.6.2	
張　衡	東京賦	14.1.2	
張　衡	東京賦	15.1.2	
張　衡	東京賦	24.1.2	
張　衡	表求合正三史	21.2.2	
張　衡	南都賦	4.5.1	
張　衡	南都賦	4.6.2	
張　衡	南都賦	7.2.2	
張　衡	南都賦	15.1.2	
張　衡	南都賦	15.2.2	
張　衡	南都賦	24.1.賦	

張　衡		奏事	2.5.2	
張　衡		思玄賦	7.5.2	
張　衡		思玄賦	7.7.2	
張　衡		冢賦	14.9.賦	
張　衡		溫泉賦	7.3.2	
張　衡		溫泉賦	7.3.2	
張　衡		溫泉賦	7.3.2	
張　衡		溫泉賦	7.3.2	
張　衡		溫泉賦	7.3.2	
張　衡		溫泉賦	7.3.2	
張　衡		溫泉賦	7.3.賦	
張　衡		綬笥銘	26.4.銘	
張　衡		綬笥銘序	20.2.2	
張　衡		舞賦	15.5.2	
張　衡		舞賦	15.5.賦	
張　衡		應問	3.2.2	
張　衡		擬四愁詩	15.1.2	
張　衡		歸田賦	18.6.2	
張　衡		髑髏賦	14.8.賦	
張　鏡	宋	觀象賦	1.4.2	
張　纘	梁	離別賦	18.7.賦	
張　纘		讓吏部尙書表	11.6.表	
曹大家	後漢	蟬賦	異.30.12.2	
曹大家		蟬賦	異.30.12.2	
曹大家		蟬賦	異.30.12.2	
曹　毗	晉	扇讚序	25.7.2	
曹　毗		秋興賦	3.3.賦	
曹　毗		詠冬詩	3.4.詩	
曹　毗		黃帝讚	9.1.讚	
曹　毗		湘表賦	28.18.2	
曹　毗		霖雨詩	1.1.2	

曹　毗		魏都賦	22.2.2	
曹　毗		箜篌賦	16.4.2	
曹　毗		箜篌賦	16.4.賦	
曹　毗		鸚鵡賦	30.8.2	
曹　彪	魏	答東阿王詩	18.7.2	
曹子建	魏	洛神賦	2.2.2	曹植字子建
曹子建		洛神賦	6.7.賦	
曹　植		七忿	7.5.2	
曹　植		七啓	15.1.2	
曹　植		七啓	15.4.2	
曹　植		七啓	15.5.2	
曹　植		七啓	22.2.2	
曹　植		七啓	22.2.2	
曹　植		七啓	26.12.2	
曹　植		大暑賦	3.2.2	
曹　植		上先帝錫鎧表	22.6.表	
曹　植		上銀鞍表	22.7.表	
曹　植		古樂府豔歌行	3.2.2	
曹　植		冬至獻襪頌表	4.12.表	
曹　植		母儀頌	10.1.頌	
曹　植		白鶴賦	30.2.賦	
曹　植		兩儀篇	6.7.2	
曹　植		承露盤銘	2.5.2	
曹　植		社頌	27.10.2	
曹　植		社頌	27.10.2	
曹　植		社頌	13.5.頌	
曹　植		芙蓉賦	27.13.賦	
曹　植		表	24.11.1	
曹　植		表稱詔	20.2.2	
曹　植		姜嫄簡狄讚	10.1.讚	

曹 植		美女篇		19.2.篇
曹 植		洛神賦		6.7.2
曹 植		洛神賦		8.2.2
曹 植		洛神賦		8.2.2
曹 植		洛神賦		19.2.2
曹 植		洛神賦		19.2.賦
曹 植		禹妻讚		10.1.讚
曹 植		秋思賦		3.3.2
曹 植		述行賦		7.3.2
曹 植		述行賦		7.3.賦
曹 植		娛賓賦		10.5.2
曹 植		娛賓賦		10.5.2
曹 植		娛賓賦		14.5.賦
曹 植		射雉賦		3.1.2
曹 植		扇賦		19.2.2
曹 植		班婕妤讚		10.2.讚
曹 植		神龜賦		30.11.賦
曹 植		詩		1.3.2
曹 植		詩		10.5.2
曹 植		詩		10.5.2
曹 植		詩		10.5.2
曹 植		詩		15.5.詩
曹 植		詩		18.7.2
曹 植		詩		24.13.2
曹 植		詩		24.14.2
曹 植		與楊脩書		21.5.2
曹 植		與楊脩書		21.5.2
曹 植		與楊脩書		21.5.2
曹 植		與楊德祖書		27.3.2

曹　植	遠遊篇	27.3.2	
曹　植	槐樹賦	28.15.賦	
曹　植	樂府詩	21.9.2	
曹　植	賦	26.11.2	
曹　植	橘賦	28.9.2	
曹　植	橘賦	28.9.賦	
曹　植	賢明頌	10.1.頌	
曹　植	謝表	異.28.2.2	
曹　植	謝賜柰表	28.2.表	
曹　植	蟬賦	異.30.12.2	
曹　植	蟬賦	30.12.賦	
曹　植	蟬賦	異.30.12.賦	
曹　植	離友詩	18.7.2	
曹　植	離繳鴈賦	30.7.2	
曹　植	魏德論	2.5.2	
曹　植	魏德論	2.5.2	
曹　植	繳鴈賦	30.7.賦	
曹　植	髑髏詩	14.8.2	
曹　植	鬥雞詩	30.3.2	
曹　植	鬥雞詩	30.3.詩	
曹　植	鸚鵡賦	30.8.賦	
陳王曹植	平原懿公主誄	10.6.誄	
陳王曹植	皇子生頌	10.5.頌	
陳王曹植	寶刀銘	22.3.銘	
陳王曹植	寶刀賦	22.3.賦	
陳思王曹植	元會詩	4.1.詩	
陳思王曹植	登臺賦	24.6.賦	
陳思王曹植	懷親賦	17.4.賦	
陳思王	箜篌引	17.6.引	

梁文帝※	梁	初秋詩	3.3.詩	即梁簡文帝
梁文帝※		初秋詩	3.3.詩	
梁元帝	梁	上忠臣傳表	17.3.表	
梁元帝		孝德傳天性讚	17.4.讚	
梁元帝		忠臣傳序	17.3.序	
梁元帝		忠臣傳受託篇讚	17.3.讚	
※		忠臣傳諫爭篇讚	17.3.讚	當爲梁元帝
梁元帝		皇太子講學碑	21.4.碑	
梁元帝		晚景游後園詩	24.13.詩	
梁元帝		望江中月詩	1.3.詩	
梁元帝		船名詩	25.11.詩	
梁元帝		詠梅花詩	異.28.10.詩	
梁元帝		詠螢詩	異.30.14.詩	
梁元帝		遊後園詩	24.13.詩	
梁元帝		謝敕賜第宅啓	24.8.啓	
梁孝元		和劉尚書兼明堂齋宮詩	13.6.詩	
梁孝元帝		夕出通波閣下觀妓詩	15.2.詩	
梁孝元帝		車名詩	25.12.詩	
梁孝元帝		和林下作妓應令詩	15.2.詩	
梁孝元帝		和彈箏人詩	16.2.詩	
梁孝元帝		和彈箏人詩	16.2.詩	
梁孝元帝		春日詩	3.1.詩	
梁孝元帝		春賦	3.1.賦	
梁孝元帝		望春詩	3.1.詩	
梁孝元帝		登隄望水詩	6.1.詩	
梁孝元帝		詠風詩	1.6.詩	
梁孝元帝		詠細雨詩	2.1.詩	
梁孝元帝		詠雲陽樓簷柳詩	28.17.詩	
梁孝元帝		詠歌詩	15.4.詩	

梁孝元帝		詠霧詩	2.6.詩	
梁孝元帝		詠霧詩	2.6.詩	
梁孝元帝		賦得石榴詩	28.11.詩	
梁孝元帝		賦得竹詩	28.18.詩	
※孝元帝		賦得涉江採芙蓉詩	27.13.詩	當爲梁孝元帝
梁孝元帝		賦得蘭澤多芳草詩	27.11.詩	
梁武帝	梁	立內職詔	10.2.詔	
梁武帝		立昭明太子詔	10.3.詔	
梁武帝		立晉安王爲太子詔	10.3.詔	
梁武帝		孝思賦	17.4.賦	
梁武帝		問群臣音樂詔	15.1.詔	
梁武帝		游仙詩	23.2.詩	
梁武帝		藉田詩	14.1.詩	
梁昭明太子	梁	弓矢讚	22.5.讚	
梁昭明太子		林下作妓詩	15.2.詩	
梁昭明太子		詠彈箏人詩	16.2.詩	
梁昭明太子		銅博山香鑪賦	25.8.賦	
梁昭明太子		謝敕賚地圖啓	5.1.啓	
梁昭明太子		蟬賦	異.30.12.2	
梁簡文	梁	奉和登北顧樓詩	24.5.詩	
梁簡文帝		七夕穿針詩	4.9.詩	
梁簡文帝		十月戊寅詩	3.4.詩	
梁簡文帝		三日曲水詩序	4.6.序	
梁簡文帝		三日侍皇太子曲水宴詩	4.6.詩	
梁簡文帝		三日侍宴林光殿曲水詩	4.6.詩	
梁簡文帝		三日率爾成詩	4.6.詩	
梁簡文帝		上昭明太子文集別傳等表	10.3.表	
梁簡文帝		冬詩	3.4.詩	
梁簡文帝		玄圃寒夕詩	3.4.詩	

梁簡文帝	朱櫻桃詩	異.28.4.啓
梁簡文帝	和湘東王首夏詩	3.2.詩
梁簡文帝	奉答南平王康賫朱櫻桃詩	28.4.詩
梁簡文帝	南郊頌	13.3.頌
梁簡文帝	春日想上林詩	3.1.詩
梁簡文帝	海賦	6.2.賦
梁簡文帝	從頓還城詩	24.2.詩
梁簡文帝	晚春詩	3.1.詩
梁簡文帝	晚春賦	3.1.賦
梁簡文帝	梅花賦	28.10.賦
梁簡文帝	梅花賦	異.28.10.賦
梁簡文帝	脩竹賦	28.18.賦
梁簡文帝	雪裏覓梅花詩	28.10.詩
梁簡文帝	雪裏覓梅花詩	異.28.10.詩
梁簡文帝	琴臺詩	24.6.詩
梁簡文帝	答張纘謝示集書	21.5.書
梁簡文帝	詠初桃詩	異.28.3.詩
梁簡文帝	詠朝日詩	1.2.詩
梁簡文帝	詠筆格詩	21.6.詩
梁簡文帝	詠舞詩	15.5.詩
梁簡文帝	詠舞詩	15.5.詩
梁簡文帝	詠蝶詩	30.13.詩
梁簡文帝	詠蝶詩	異.30.13.詩
梁簡文帝	詠獨舞詩	15.5.詩
梁簡文帝	詠螢火詩	30.14.詩
梁簡文帝	詠螢詩	異.30.14.詩
梁簡文帝	詠鏡詩	25.9.詩
梁簡文帝	開霽詩	2.8.詩
梁簡文帝	開霽詩	2.8.詩
梁簡文帝	新成安樂宮詩	24.3.詩

梁簡文帝		煙詩	25.15.詩	
梁簡文帝		對燭賦	25.14.賦	
梁簡文帝		箏賦	16.2.賦	
梁簡文帝		舞賦	15.5.賦	
梁簡文帝		賦得舞鶴詩	30.2.詩	
梁簡文帝		賦得箜篌詩	16.4.詩	
梁簡文帝		賦棗詩	28.5.詩	
梁簡文帝		謝東宮賜裘啓	26.8.啓	
梁簡文帝		謝敕賚善勝刀啓	22.3.啓	
梁簡文帝		謝賜玉佩啓	26.6.啓	
梁簡文帝		謝賚方諸劍等啓	22.2.啓	
梁簡文帝		謝賚扇啓	25.7.啓	
梁簡文帝		謝賚碧慮棋子屏風啓	25.3.啓	
梁簡文帝		藉田詩	14.1.詩	
梁簡文帝		勸醫文	20.7.文	
梁簡文帝		聽早蟬詩	異.30.12.詩	
梁簡文帝		鬥雞詩	30.3.詩	
梁簡文帝		鬥雞篇	異.30.3.詩	
梁簡文		賦棗詩	異.28.5.詩	
梅　陶	晉	自序	12.7.2	
牟　秀	晉	宴曜武堂詩	14.5.2	
習　嘏	晉	長鳴雞賦	30.3.2	
習　嘏		長鳴雞賦	30.3.賦	
習　嘏		長鳴雞賦	異.30.3.賦	
習鑿齒	晉	諸葛武侯宅銘	24.8.銘	
許善心	隋	奉和冬至乾陽殿受朝應詔詩	14.4.詩	
許善心		奉和賜詩	20.2.詩	
許善心		奉和還京師詩	24.1.詩	
許善心		於太常寺聽陳國蔡子元所校正聲樂詩	15.1.詩	

許 詢	晉	詩	28.13.2	
許 邁	晉	與王逸少書	8.10.2	
郭元振	唐	古劍歌	22.2.歌	
郭正一	唐	奉和太子納妃公主出降詩	14.7.詩	
郭 璞	晉	日	28.5.2	
郭 璞		日	29.14.2	
郭 璞		井賦	7.6.2	
郭 璞		太華讚	5.5.讚	
郭 璞		江賦	6.4.2	
郭 璞		江賦	6.4.賦	
郭 璞		江賦	8.10.2	
郭 璞		江賦	27.3.2	
郭 璞		江賦	30.7.2	
郭 璞		江賦	30.11.2	
郭 璞		巫咸山賦序	20.7.2	
郭 璞		夸父讚	19.4.讚	
郭 璞		金銀讚	27.1.讚	
郭 璞		長臂國讚	19.4.讚	
郭 璞		南郊賦	13.3.賦	
郭 璞		蚌讚	27.3.讚	
郭 璞		棗讚	28.5.讚	
郭 璞		棗讚	異.28.5.讚	
郭 璞		棗讚	異.28.5.2	
郭 璞		筆讚	21.6.讚	
郭 璞		詩	18.7.2	
郭 璞		遊仙詩	6.5.2	
郭 璞		遊仙詩	23.2.詩	
郭 璞		遊仙詩	23.2.詩	
郭 璞		燋僥讚	19.5.讚	
郭 璞		賦	7.6.2	
郭 璞		賦	7.6.賦	

郭 璞		螢火讚	異.30.14.讚	
郭 璞		釋水讚	6.1.讚	
郭 璞		釋天地圖讚	1.1.讚	
郭 璞		讚	5.5.2	
郭 璞		讚	19.5.2	
郭 愔	晉	與從弟別詩	18.7.2	
陳子良	唐	七夕看新婦隔巷停車詩	14.7.詩	
陳子良		詠春雪詩	2.2.詩	
陳子良		賦得妓詩	15.2.詩	
陳子昂	唐	禡牙文	22.1.祭文	
陳子昂		麈尾賦	26.16.賦	
陳叔達		太廟裸地歌辭	13.4.歌	
陳叔達		州城西園八齋祠社詩	13.2.詩	
陳叔達	唐	入關詠空鏡臺詩	25.10.詩	
陳叔達		早春桂林殿應詔詩	3.1.詩	
陳叔達		初年詩	4.1.詩	
陳叔達		春首詩	3.1.詩	
陳叔達		詠菊詩	27.12.詩	
陳叔達		聽鄰人琵琶詩	16.3.賦	
陳後主	陳	入隋侍宴應詔詩	15.5.詩	
陳後主		夜亭度鴈賦	30.7.賦	
陳後主		宴詹事陸繕省詩	15.5.詩	
陳後主		授江 總尚書令冊文	11.3.文	
陳後主		晚宴文思殿	15.5.詩	
陳後主		棗賦	28.5.賦	
陳 琳	魏	大荒賦	20.8.2	
陳 琳		大暑賦	3.2.2	
陳 琳		武庫賦	22.4.2	
陳 琳		武庫賦	22.4.2	
陳 琳		武庫賦	22.5.2	

陳　琳		武庫賦	22.6.2	
陳　琳		柳賦	28.17.2	
陳　琳		柳賦	28.17.2	
陳　琳		答東阿王牋	21.5.2	
陳　暄	陳	食梅賦	異.28.10.賦	
康孟※	隋	詠日應趙王教詩	1.2.詩	當作孟康
陸士衡	晉	七徵	21.4.2	陸機字士衡
陸士衡		大墓賦	14.8.賦	
陸士衡		文賦	21.5.2	
陸士衡		文賦	21.5.2	
陸士衡		文賦	21.5.2	
陸士衡		文賦	21.5.賦	
陸士衡		羽扇賦	25.7.賦	
陸士衡		侍皇太子宜猷堂詩	10.3.2	
陸士衡		思親賦	17.4.賦	
陸士衡		浮雲賦	1.5.賦	
陸士衡		晉書限斷議	21.2.2	
陸士衡		雲賦	1.5.2	
陸士衡		詩	1.3.2	
陸士衡		詩	6.1.2	
陸士衡		詩	10.3.2	
陸士衡		感邱賦	14.9.賦	
陸士衡		感時賦	3.4.賦	
陸士衡		鼓吹賦	16.7.賦	
陸士衡		樂府苦寒行	3.4.2	
陸士衡		樂府詩	3.1.2	
陸士衡		樂府詩	3.1.2	
陸士衡		漏刻賦	25.1.賦	
陸士衡		擬連珠	1.2.2	
陸士衡		謝表	11.10.2	
陸士衡		贈尚書郎顧彥先詩	11.8.詩	

陸士龍	晉	答兄士衡詩	17.5.詩	陸雲字士龍
陸士龍		蟬賦	異.30.12.賦	
陸罕※	梁	詠笙詩	16.9.詩	當作陸罩
陸玢※	梁	賦得雜言詠栗詩	28.6.詩	當作陸玠
陸　凱	宋	與范曄贈於※詩	異.28.10.2	於似應作梅。
陸　雲	晉	喜霽賦	2.8.2	
陸　雲		喜霽賦	2.8.2	
陸　雲		喜霽賦	2.8.賦	
陸　雲		寒蟬賦	30.12.2	
陸　雲		答兄機詩	18.7.2	
陸　雲		詩	15.5.2	
陸　雲		與兄書	21.9.2	
陸　雲		歲暮賦	3.4.賦	
陸　雲		薦張瞻文	20.4.2	
陸雲公	梁	星賦	1.4.2	
陸　倕	梁	拜吏部郎表	11.8.表	
陸　倕		爲王光祿轉太常讓表	12.13.表	
陸　倕	※	新漏刻銘	25.1.銘	題南齊陸倕
陸　瑜	陳	琴賦	16.1.賦	
陸　機	晉	七徵	15.1.2	
陸　機		七徵	26.12.2	
陸　機		文賦	27.3.2	
陸　機		王侯挽歌辭	14.8.2	
陸　機		瓜賦	28.12.2	
陸　機		瓜賦	28.12.賦	
陸　機		爲顧彥先贈婦詩	18.7.2	
陸　機		赴洛詩	18.7.2	
陸　機		挽歌詩	14.10.詩	
陸　機		挽歌詩	14.10.詩	
陸　機		與弟雲書	25.9.2	

陸　機		贈馮文熊詩	18.7.2	
陸　機		贈馮文熊詩	18.7.2	
陸　機		豔歌行	19.2.2	
陸　瓊	陳	玄圃宴各詠一物得箏詩	16.2.詩	
陸　瓊		和張湖熟雹詩	2.4.詩	
陸　瓊		栗賦	28.6.賦	
陶　潛	宋	挽歌詩	14.10.詩	
陶　潛		桃源記	28.3.2	
陶　潛		閑情賦	16.10.2	
陶　潛		詠貧士詩	18.6.詩	
陶　潛		讀山海經詩	30.1.2	題晉陶潛
陶融妻陳氏	晉	箏賦	16.2.2	即陳窈
陶融妻陳氏		箏賦	16.2.2	
陰　鏗	陳	行經古墓詩	14.9.詩	
陰　鏗		侍宴賦得竹詩	28.18.詩	
陰　鏗		侯司空宅詠妓詩	15.2.詩	
陰　鏗		度青草湖	7.1.詩	
陰　鏗		詠石詩	5.9.詩	
陰　鏗		詠鶴詩	30.2.詩	
陰　鏗		閒居對雨詩	2.1.詩	
陰　鏗		新成長安宮	24.3.詩	
陰　鏗		遊始興道館詩	23.4.詩	
陰　鏗		觀釣詩	22.11.詩	
陰鑑※		雪梅詩	異.28.10.詩	當作陰鏗
傅　玄	晉	七謨	26.14.2	
傅　玄		大寒賦	3.4.賦	
傅　玄		太子少傅箴	18.1.箴	
傅　玄		瓜賦	28.12.賦	
傅　玄		印銘	26.3.銘	
傅　玄		吏部尚書箴	11.6.箴	

傅　玄	四言詩	14.8.2
傅　玄	西都賦	15.2.1
傅　玄	西都賦	15.2.1
傅　玄	西都賦	15.5.2
傅　玄	李賦	28.1.2
傅　玄	李賦	28.1.2
傅　玄	李賦	異.28.1.2
傅　玄	李賦	28.1.賦
傅　玄	李賦	異.28.1.賦
傅　玄	走狗賦	29.10.賦
傅　玄	走狗賦	29.10.2
傅　玄	走狗賦	29.10.2
傅　玄	走狗賦	29.10.2
傅　玄	長歌行	30.4.2
傅　玄	兩儀詩	1.1.詩
傅　玄	柳賦	28.17.賦
傅　玄	冠銘	26.1.銘
傅　玄	卻東西門行	15.5.2
傅　玄	卻東西門行	15.5.2
傅　玄	述夏賦	3.2.2
傅　玄	乘輿馬賦	29.4.2
傅　玄	夏賦	3.2.2
傅　玄	宴會詩	14.5.2
傅　玄	桃賦	28.3.2
傅　玄	桃賦	28.3.賦
傅　玄	桃賦	異.28.3.賦
傅　玄	敘行賦	5.8.2
傅　玄	敘連珠	21.5.2
傅　玄	喜霽賦	2.8.賦
傅　玄	朝會賦	25.13.2
傅　玄	朝會賦	14.4.賦

傅　玄	棗賦	28.5.2
傅　玄	棗賦	28.5.賦
傅　玄	棗賦	異.28.5.賦
傅　玄	琵琶賦	16.3.1
傅　玄	琵琶賦	16.3.2
傅　玄	琵琶賦	16.3.賦
傅　玄	琵琶賦序	16.3.1
傅　玄	華嶽碑序	5.5.序
傅　玄	琴賦	15.1.2
傅　玄	琴賦	15.1.2
傅　玄	硯賦	21.8.2
傅　玄	硯賦	21.8.2
傅　玄	硯賦	21.8.賦
傅　玄	筆銘	21.6.2
傅　玄	筆賦	21.6.2
傅　玄	筆賦	21.6.賦
傅　玄	詠秋蘭詩	27.11.2
傅　玄	答卜壺詩序	11.3.2
傅　玄	陽春賦	1.1.2
傅　玄	陽春賦	3.1.賦
傅　玄	陽春賦	3.1.2
傅　玄	節鼓賦	16.7.1
傅　玄	蜀都賦	30.4.2
傅　玄	猱猴賦	29.15.2
傅　玄	詩	14.5.2
傅　玄	歌	6.4.2
傅　玄	歌	27.13.2
傅　玄	歌	19.2.歌
傅　玄	歌天詩	1.1.詩
傅　玄	歌詞	16.5.2
傅　玄	歌詞	異.28.5.2

傅　玄	歌詩	16.3.2
傅　玄	歌辭	29.12.2
傅　玄	銘	25.6.銘
傅　玄	箏賦	16.2.1
傅　玄	箏賦	16.2.2
傅　玄	箏賦	16.2.2
傅　玄	箏賦	16.2.2
傅　玄	履銘	26.7.銘
傅　玄	樂府詩	3.1.2
傅　玄	樂府雜歌詩	9.1.2
傅　玄	燈銘	25.13.銘
傅　玄	擬天問	4.9.1
傅　玄	黏蟬賦	異.30.12.賦
傅　玄	蟬賦	30.12.賦
傅　玄	蟬賦	異.30.12.賦
傅　玄	蟬賦	30.12.賦
傅　玄	蟬賦	異.30.12.2
傅　玄	雜言詩	1.7.詩
傅　玄	驚雷歌	1.7.詩
傅　玄	饗神歌	13.3.2
傅　玄	饗神歌	13.3.2
傅　玄	鷹兔賦	21.6.2
傅　玄	鷹賦	30.4.2
傅　玄	鷹賦	30.4.2
傅　玄	鷹賦	30.4.2
傅　玄	鷹賦	30.4.2
傅　玄	鸚鵡賦	30.8.2
傅　玄	鬥雞賦	30.3.賦
傅　玄	鬥雞賦	異.30.3.賦
傅休奕	鬥雞賦	30.3.2
傅休奕	鬥雞賦	30.3.2

傅　亮	宋	九月九日登凌囂館賦	4.11.賦	
傅　亮		文殊師利菩薩讚	23.6.讚	
傅　亮		冬至詩	4.12.詩	
傅　亮		冬至詩	4.12.2	
傅　亮		芙蓉賦	27.13.2	
傅　亮		喜雨賦	2.1.賦	
傅　亮		彌勒菩薩讚	23.6.讚	
傅　咸	晉	毛詩詩	21.1.詩	
傅　咸		左傳詩	21.1.詩	
傅　咸		玉賦	27.4.賦	
傅　咸		孝經詩	21.1.詩	
傅　咸		周官詩	21.1.詩	
傅　咸		周易詩	21.1.詩	
傅　咸		皇太子釋奠頌	14.3.頌	
傅　咸		紙賦	21.7.賦	
傅　咸		紙賦	21.7.2	
傅　咸		梧桐賦	28.16.2	
傅　咸		答辛曠詩序	11.7.2	
傅　咸		答辛曠詩序	11.7.2	
傅　咸		答辛曠詩序	11.7.2	
傅　咸		粘蟬賦	28.4.2	
傅　咸		御史中丞箴	12.7.箴	
傅　咸		感涼賦	3.2.2	
傅　咸		詩	2.5.2	
傅　咸		詩	5.6.詩	
傅　咸		鳳皇賦	30.1.賦	
傅　咸		論語詩	21.1.詩	
傅　咸		螢火賦	30.14.賦	
傅　咸		螢火賦	異.30.14.賦	
傅　咸		鏡賦	25.9.賦	
傅　咸		贈何劭王濟詩	12.1.2	
傅　咸		贈何劭王濟詩并序	12.1.詩	
傅　咸		懷雨賦	2.1.2	

傅　昭	梁	恭職北郊詩	13.3.詩	
傅　巽	魏	七誨	26.12.2	
傅　幹	後漢	與張叔威書	18.2.2	
傅　毅	後漢	洛都賦	24.1.賦	
傅　毅		洛都賦	24.1.2	
傅　毅		洛陽賦	24.1.2	
傅　毅		琴賦	16.1.賦	
傅　毅		舞賦	15.4.2	
傅　毅		舞賦	15.5.2	
傅　毅		舞賦	15.5.2	
傅　毅		舞賦	15.5.2	
傅　毅		舞賦	15.5.賦	
傅　毅		舞賦	19.2.2	
傅選※	魏	槐樹賦	28.15.2	當爲傅巽
傅　緯	陳	笛賦	16.10.賦	
傅　緯		博山香鑪賦	25.8.賦	
馮　衍	後漢	明志賦	1.1.2	
馮　衍		明志賦	6.6.2	
馮　衍		席前右銘	25.6.2	
馮　衍		楊節賦序	6.8.2	
馮　衍		銘	4.1.2	
黃　香	後漢	天子冠頌	14.6.頌	
黃　章	魏	龍馬賦	29.4.2	
喬知之	唐	綠珠篇	19.6.篇	
喬道元	宋	與天公牋	19.6.牋	
富嘉謨	唐	明冰篇	7.5.篇	
嵇　含	晉	木弓銘	22.4.銘	
嵇　含		甘瓜賦	27.13.2	
嵇　含		伉儷詩	14.7.詩	
嵇　含		悅晴詩	2.8.2	
嵇　含		菊花銘	27.12.2	

嵇　康	晉	原憲讚	17.2.讚	
嵇　康		無聲哀樂論	16.3.2	當爲聲無哀樂論
嵇　康		琴賦	16.1.2	
嵇　康		琴賦	16.1.2	
嵇　康		琴賦	16.1.2	
嵇　康		琴讚	16.1.2	
嵇　康		琴賦	16.1.賦	
嵇　康		贈秀才入軍詩	18.7.2	
嵇　康		贈秀才入軍詩	18.7.2	
揚方※	晉	箜篌賦序	16.4.2	當作楊方
揚　雄	漢	大司農箴	12.14.2	
揚　雄		大司農箴	12.14.箴	
揚　雄		大鴻臚箴	12.17.箴	
揚　雄		太僕箴	12.20.箴	
揚　雄		反離騷	26.10.2	
揚　雄		弔屈原文	6.4.2	
揚　雄		交州箴	8.11.箴	
揚　雄		光祿勳箴	12.16.2	
揚　雄		光祿勳箴	12.16.箴	
揚　雄		幷州箴	8.4.箴	
揚　雄		廷尉箴	12.21.箴	
揚　雄		宗正卿箴	12.18.2	
揚　雄		宗正卿箴	12.18.箴	
揚　雄		長揚賦	22.10.2	
揚　雄		長楊賦序	22.10.2	
揚　雄		青州箴	8.2.箴	
揚　雄		兗州箴	8.2.箴	
揚　雄		幽州箴	8.5.箴	
揚　雄		徐州箴	8.2.箴	
揚　雄		益州箴	8.8.箴	

揚　雄		荊州箴	8.7.箴	
揚　雄		酒賦	26.11.賦	
揚　雄		涼州箴	8.6.箴	
揚　雄		逐貧賦	18.6.賦	
揚　雄		揚州箴	8.9.箴	
揚　雄		雍州箴	8.3.箴	
揚　雄		冀州箴	8.4.箴	
揚　雄		劇秦美新論	21.5.2	
揚　雄		衛尉箴	12.19.箴	
揚　雄		豫州箴	8.2.箴	
棗　腆	晉	贈石崇詩	18.7.2	
棗　據	晉	船賦	25.11.賦	
棗　據		詩	27.1.詩	
湛方生	晉	天晴詩	2.8.詩	
湛方生		孔公讚	17.1.讚	
湛方生		風賦	1.6.賦	
湛方生		秋夜詞	3.3.2	
湛方生		秋夜賦	3.3.2	
湛方生		孫苗讚	27.10.讚	
湛方生		盟文	13.5.2	
湛方生		論	25.16.2	
湛方生		諸人共講老子詩	23.1.詩	
湛方生		懷春賦	3.1.賦	
湯惠休	宋	白紵詩	3.3.2	
湯惠休		歌	3.3.詩	
湯僧濟	梁	渫井得金釵	7.6.詩	
費　昶	梁	入幌風詩	1.6.詩	
鈕滔母孫氏	晉	箜篌賦	16.4.賦	即孫瓊
鈕滔母孫氏		箜篌賦	16.4.2	
閔　鴻	晉	親蠶賦	14.2.賦	
閔　鴻		蓮華賦序	27.13.2	

程　曉	魏	伏日詩	4.8.詩	
程　曉		與傳玄書	21.5.2	
華　嶠	晉	集	12.9.2	
華　嶠		集詔	12.4.2	
華　嶠		集詔	12.4.2	
華　覈	魏	騧馬賦	25.12.2	
賀　脩	陳	賦得夾池竹詩	28.18.詩	
賀凱※	唐	奉和九月九日詩	4.11.詩	當作賀敳
賀　徹	陳	賦得長笛吐清氣詩	16.10.詩	
陽休之	隋	正月七日登高侍宴詩	4.2.詩	
陽休之		春日詩	3.1.詩	
陽休之		秋詩	3.3.詩	
陽休之		詠萱草詩	27.14.詩	
楊希道	唐	詠笙詩	16.9.詩	全唐詩列入楊
楊希道		詠琴詩	16.1.詩	師道詩
楊希道		詠舞詩	15.5.詩	
楊希道		賦得起坐彈鳴琴詩	16.1.詩	
楊思玄	唐	奉和別魯王詩	10.5.詩	
楊思玄		奉和過溫湯	7.3.詩	
楊　泉	晉	五湖賦	7.1.賦	
楊　訓	北齊	群公高宴詩	15.5.詩	
楊　炯	唐	盂蘭盆賦	4.10.賦	
楊師道	唐	奉和正日臨朝應詔詩	14.4.詩	
楊師道		奉和春日望海詩	6.2.詩	
楊師道		奉和詠弓詩	22.4.詩	
楊師道		和夏日晚景應詔詩	3.2.詩	
楊師道		初秋夜坐應詔詩	3.3.詩	
楊師道		初宵看婚詩	14.7.詩	
楊師道		春朝閑步詩	3.1.詩	
楊師道		詠馬詩	29.4.詩	
楊師道		詠硯詩	21.8.詩	

楊師道		詠飲馬應詔詩	29.4.詩	
楊師道		賦終南山同風字韻應詔詩	5.8.詩	
楊師道		還山宅詩	24.8.詩	
楊師道		應詔詠巢烏詩	30.5.詩	
楊師道		聽歌管賦	15.4.賦	
楊齊哲	唐	過函谷關	7.8.詩	
楊 縉	陳	照帙秋螢詩	30.14.詩	
楊 縉		照帙秋螢詩	異.30.14.詩	
楊 皦	梁	詠舞詩	15.5.詩	
隋煬帝	隋	月夜觀星詩	1.4.詩	
隋煬帝		冬至乾陽殿受朝詩	14.4.詩	
隋煬帝		冬夜詩	3.4.詩	
隋煬帝		早渡淮詩	6.5.詩	
隋煬帝		季秋觀海詩	6.2.詩	
隋煬帝		夏日臨江詩	6.4.詩	
隋煬帝		宴東堂詩	24.7.詩	
隋煬帝		晚春詩	3.1.詩	
隋煬帝		望海詩	6.2.詩	
隋煬帝		悲秋詩	3.3.詩	
隋煬帝		詠北鄉古松樹詩	28.13.詩	
隋煬帝		詠鷹詩	30.4.詩	
隋煬帝		臨渭源詩	6.8.詩	
隋煬帝		還京師詩	13.7.詩	
隋煬帝		獻歲讌宮臣詩	4.1.詩	
溫子昇	後魏	從駕幸金墉城詩	24.2.詩	
溫子昇		涼州樂歌	8.6.歌	
溫子昇		涼州樂歌	8.6.歌	
溫子昇		莊帝生皇太子赦詔	10.3.詔	
溫子昇		魏帝納皇后群臣上禮章	10.1.章	
溫子昇		鐘銘	16.5.銘	
溫子昇		閶闔門上梁祝文	24.10.祝文	

溫　嶠	晉	蟬賦	異.30.12.2	
溫　嶠		舉荀崧爲祕書監	12.9.2	
溫　嶠		舉荀崧爲祕書監	12.9.2	
溫　嶠		釋奠頌	14.3.2	
葛　龔	後漢	與梁相書	21.9.2	
董思恭	唐	日詩	1.2.詩	
董思恭		詠月詩	1.3.詩	
董思恭		詠星詩	1.4.詩	
董思恭		詠虹詩	2.7.詩	
董思恭		詠風詩	1.6.詩	
董思恭		詠雪詩	2.2.詩	
董思恭		詠雲	1.5.詩	
董思恭		詠霧詩	2.6.詩	
董思恭		詠露詩	2.5.詩	
虞世南	隋	白鹿賦	29.11.賦	
虞世南		侍宴賦韻得前應詔詩	15.5.詩	
虞世南		侍宴歸鴈堂詩	24.7.詩	
虞世南		和至壽春應令詩	13.7.詩	
虞世南		奉和月夜觀星應令詩	1.4.詩	
虞世南		奉和出潁至淮應令詩	6.5.詩	
虞世南		奉和幽山雨後應令詩	2.8.詩	
虞世南		奉和詠日午詩	1.2.詩	
虞世南		奉和詠風應魏王教詩	1.6.詩	
虞世南		奉和獻歲讌宮臣詩	4.1.詩	
虞世南		初晴應教詩	2.8.詩	
虞世南		春夜詩	3.1.詩	
虞世南		秋賦	3.3.賦	
虞世南		秋蟬詩	30.12.詩	
虞世南		秋鴈詩	30.7.詩	
虞世南		凌晨早朝詩	14.4.詩	

虞世南		追從鑾輿夕頓戲下詩	10.3.詩	
虞世南		琵琶賦	16.3.賦	
虞世南		發營逢雨應詔詩	2.1.詩	
虞世南		詠舞詩	15.5.詩	
虞世南		詠螢詩	30.14.詩	
虞世南		詠蟬詩	異.30.12.詩	
虞世南		獅子賦	29.1.賦	
虞世南		賦得吳都詩	24.1.詩	
虞世南		賦得慎罰詩	20.9.詩	
虞世南		賦得臨池竹詩	28.18.詩	
虞世基	隋	晚飛烏詩	30.5.詩	
虞 炎	南齊	詠簾詩	25.4.詩	
虞茂※	隋	入關絕句	7.8.詩	虞世基字茂世
虞 茂		在南接北使詩	20.5.詩	
虞 茂		奉和幸太原輦上作應詔詩	13.7.詩	
虞 茂		奉和幸江都應詔詩	13.7.詩	
虞 茂		奉和望海詩	6.2.詩	
虞 茂		賦昆明池一物得織女石	7.4.詩	
虞 茂		賦得詠石詩	5.9.詩	
虞 茂		衡陽王齋閣奏妓詩	15.2.詩	
虞通之	宋	明堂頌	13.6.頌	
虞通之		爲江學讓尙公主表	10.7.表	
虞通之		爲江學讓尙公主表	10.7.2	
虞 預	晉	表	21.7.2	
虞 預		請祕府紙表	21.7.表	
虞 綽	隋	於婺州被囚詩	20.10.詩	
虞 羲	南齊	春郊詩	3.1.詩	
虞 騫	梁	遊潮山悲古冢詩	14.9.詩	
賈岱宗	魏	大狗賦	29.10.2	
賈岱宗		大狗賦	29.10.賦	

賈　彬	晉	箏賦	16.2.賦	
賈　誼	漢	過秦論	24.2.2	
賈　誼		虜賦	16.5.賦	
聞人蒨	梁	春日詩	3.1.詩	
鄒　陽	漢	上吳王書	10.5.2	
鄒　陽		酒賦	26.11.賦	
漢武帝	漢	李夫人賦	10.2.賦	
漢武帝		柏梁詩	12.14.2	
漢武帝		柏梁詩	12.19.2	
漢武帝		柏梁詩	12.20.2	
漢武帝		柏梁詩	12.20.2	
漢武帝		秋風詞	1.5.2	
漢武帝		秋風詞	9.1.2	
漢武帝		秋風辭	1.6.2	
漢武帝		與秦卓子侯家詔	18.7.2	
漢　帝		集	12.6.2	
※		柏梁詩	12.16.2	當爲漢武帝
臧彥	先唐	駃牛賦	29.5.2	
臧道顏		弔驢文	29.6.2	臧彥字道顏
臧道顏		弔驢文	29.6.文	
裴子野	梁	詠雪詩	2.2.詩	
裴守眞	唐	奉和太子納妃詩	10.4.詩	
裴　秀	晉	大蜡詩	4.13.詩	
裴　秀		禹貢九州地域圖論	5.1.論	
裴景聲	晉	文身劍銘	22.2.銘	
裴　頠	晉	言吏部尙書表	11.6.2	
裴讓之	北齊	公館讌酬南使徐陵詩	20.5.詩	
褚　玠	陳	風裏蟬賦	30.12.賦	
褚　玠		鬥雞東郊道詩	30.3.詩	

褚　亮	唐	和望月應魏王教詩	10.5.詩	
褚　亮		奉和詠日午詩	1.2.詩	
褚　亮		奉和禁苑餞別應令詩	10.3.詩	
褚　亮		宗廟九德之歌辭	13.4.歌	
褚　亮		詠花燭詩	14.7.詩	
褚　亮		賦得蜀都詩	24.1.詩	
褚彥回	南齊	謝賜珮啓	26.6.啓	褚淵字彥回
褚彥回		秋傷賦	3.3.賦	
褚　雲	梁	賦得詠蟬詩	30.12.詩	
褚　澐		詠柰詩	28.2.詩	
褚　澐		詠　詩	異.28.2.詩	
褚　澐		賦得詠蟬詩	異.30.12.詩	
趙彥昭	唐	奉和悼右僕射楊再思詩	11.4.詩	
趙　壹	後漢	詩	27.5.2	
趙　整	後秦	詠棗詩	28.5.詩	
趙　整		詠棗詩	異.28.5.詩	
趙　整		詩	28.5.2	
趙儒宗	北齊	詠龜詩	30.11.詩	
甄玄成	後梁	車賦	25.12.賦	
熊　遠	晉	啓※	11.3.2	當作諫以尚書令荀組領豫州牧啓
劉公幹	後漢	贈徐幹詩	11.10.詩	劉楨字公幹
劉元濟	唐	見道邊死人詩	14.8.詩	元當作允
劉允濟		詠琴詩	16.1.詩	
劉允濟		萬象明堂賦	13.6.賦	
劉　向	漢	上封事	18.4.2	
劉　向		戒子歆書	12.2.1	
劉　向		琴賦	16.1.2	
劉　向		熏鑪銘	25.15.2	
劉　安	漢	屏風賦	25.3.賦	

劉夷道	唐	詠死奴詩	19.6.詩	
劉刪	陳	汎宮亭湖	7.1.詩	
劉刪		侯司空宅詠妓詩	15.2.詩	
劉刪		詠蟬詩	30.12.詩	
劉刪		詠蟬詩	異.30.12.詩	
劉希夷	唐	夏彈琴詩	16.1.詩	
劉孝先	梁	詠竹詩	28.18.詩	
劉孝威	梁	七夕穿針詩	4.9.詩	
劉孝威		九日酌菊花酒詩	4.11.詩	
劉孝威		公莫渡河詩	6.3.詩	
劉孝威		奉和太子詩	10.3.詩	
劉孝威		望雨詩	2.1.詩	
劉孝威		詠織女詩	4.9.詩	
劉孝威		賦得鳴棘應令詩	16.7.詩	
劉孝威		謝賚官紙啓	21.7.啓	
劉孝威		謝賜　啓	異.28.2.2	
劉孝威		雞鳴篇	異.30.3.詩	
劉孝孫	唐	早發成皋望河詩	6.3.詩	
劉孝孫		詠笛詩	16.10.詩	
劉孝義※	宋	行過康王故第苑詩	10.5.詩	當爲劉孝儀
劉孝綽	梁	三日侍安成王曲水宴詩	4.6.詩	
劉孝綽		三日侍華光殿曲水宴詩	4.6.詩	
劉孝綽		三光篇	1.1.詩	
劉孝綽		太子洑落日望水詩	6.1.詩	
劉孝綽		同武陵王看妓詩	15.2.詩	
劉孝綽		侍宴同劉公幹應令詩	15.5.詩	
劉孝綽		和詠歌人偏得日照詩	15.4.詩	
劉孝綽		於座應令詠梨花詩	28.7.詩	
劉孝綽		爲鄱陽嗣王初讓雍州表	10.5.表	
劉孝綽		秋夜詠琴詩	16.1.詩	

劉孝綽		陪徐僕射勉宴詩	15.5.詩	
劉孝綽		登陽雲樓詩	24.5.詩	
劉孝綽		詠日應令詩	1.2.詩	
劉孝綽		詠素蝶詩	30.13.詩	
劉孝綽		詩	1.3.2	
劉孝綽		對雪詩	2.2.詩	
劉孝綽		賦得始歸鴈詩	30.7.詩	
劉孝綽		賦照棋燭詩	25.14.詩	
劉孝綽		謝爲東宮奉經啓	21.1.啓	
劉孝儀	梁	北使還與永豐侯書	20.5.書	
劉孝儀		和詠舞詩	15.5.詩	
劉孝儀		啓	異.28.8.2	
劉孝儀		詠簫詩	16.8.詩	
劉孝儀		舞就行詩	15.5.詩	
劉孝儀		歎別賦	18.7.賦	
劉孝儀		謝女出門官賜紋絹燭啓	25.14.啓	
劉孝儀		謝晉安王賜宜城酒啓	26.11.啓	
劉孝標	梁	廣絕交論	18.5.論	
劉劭	魏	趙都賦	6.1.2	
劉劭		趙都賦	15.5.2	
劉劭		趙都賦	22.4.2	
劉劭		龍瑞賦	30.9.賦	
劉伯倫	晉	酒德頌	26.11.頌	劉伶字伯倫
劉思眞	先唐	醜婦賦	19.3.賦	
劉柔妻王氏	晉	懷思賦	17.4.賦	即王邵之
劉苞	梁	九日侍宴樂遊苑正陽堂詩	4.11.詩	
劉恢	晉	酒箴	26.11.箴	
劉漑等	梁	儀賢堂監策秀才連句詩	20.4.詩	
劉斌	隋	和許給事傷牛尙書詩	11.5.詩	
劉斌		詠山詩	5.2.詩	

劉　琨	晉	扶風詩	28.13.2	
劉　琨		扶風歌	22.7.2	
劉　琨		詩	27.4.2	
劉　琨		薦任尤文	20.4.2	
劉　歆	漢	甘泉宮賦	24.3.賦	
劉　歆		與揚子雲書	25.2.2	
劉　逖	北齊	浴溫湯	7.3.詩	
劉　逖		清歌發詩	15.4.詩	
劉慎※	漢	魯都賦	15.2.2	當作劉楨
劉　楨		瓜賦	28.12.2	
劉　楨		瓜賦	28.12.2	
劉　楨		瓜賦	28.12.2	
劉　楨		瓜賦	28.12.2	
劉　楨		瓜賦序	10.5.2	
劉　楨		清慮賦	27.4.2	
劉　楨		詩	11.9.2	
劉　楨		詩	14.5.2	
劉　楨		鳳皇詩	30.1.詩	
劉　楨		魯都賦	3.4.2	
劉　楨		魯都賦	4.9.2	
劉　楨		魯都賦	6.2.2	
劉　楨		魯都賦	26.7.2	
劉　楨		魯都賦	28.18.2	
劉　楨		贈徐幹詩	11.9.2	
劉　楨		贈徐幹詩	11.9.2	
劉　楨		鬥雞詩	異.30.3.2	
劉禎※		清慮賦	27.4.2	禎當作楨
劉禕之	唐	九成宮秋初應制詩	3.3.詩	
劉禕之		奉和太子納妃公主出降詩	14.7.詩	
劉禕之		孝敬皇帝挽歌詩	14.10.詩	
劉禕之		奉和別越王詩	10.5.詩	

劉義恭	宋	白馬賦	29.4.賦	
劉義恭		感春賦	3.1.賦	
劉義恭		溫泉	7.3.詩	
劉義恭		謝金梁鞍啓	22.7.啓	
劉義恭		夜雪詩	3.4.2	
劉義恭		桐樹賦	28.16.賦	
劉義恭		啓事	26.5.2	
劉義恭		華林四瑞桐樹甘露贊	28.16.2	
劉義恭		溫泉	7.3.2	
劉義恭		溫泉詩	7.3.2	
劉義恭		溫泉詩	7.3.2	
劉義恭		詩	5.3.2	
劉義恭		詩	24.14.2	
劉義恭		擬陸士衡詩	28.17.2	
劉義恭		謝金梁鞍啓	22.7.2	
劉義慶	宋	啓	異.28.4.2	
劉義慶		筶篌賦	16.4.賦	題臨川康王劉義慶
劉義慶		遊鼉湖詩	28.10.2	
劉　端	隋	和初春宴東堂應令詩	15.5.詩	
劉　韶	※	甘樹賦	28.8.2	當作劉瑾
劉　瑾		甘樹賦	28.8.賦	
劉　瑾		論	17.1.2	
劉　緩	梁	照鏡賦	25.9.賦	
劉　遵	梁	七夕穿針詩	4.9.詩	
劉　遵		應令詠舞詩	15.5.詩	
劉　璠	北周	雪賦	2.2.賦	
劉　憲	唐	奉和春幸望春宮應制詩	15.5.詩	
劉穎※	後漢	魯都賦	27.10.2	穎當爲楨之誤

劉臻妻	晉	元日獻椒花頌	4.1.頌	即陳參
劉臻妻		五時畫扇頌	25.7.頌	
劉臻妻陳氏		進見儀	4.2.2	
劉臻妻		獻春頌	3.1.2	
劉憺	梁	驚早露詩	2.5.詩	
劉謐之	先唐	與天公牋	19.6.2	
劉謐之		龐郎賦	19.3.2	
劉謐之		龐郎賦	19.3.賦	
劉繪	南齊	詠博山香鑪詩	25.8.詩	
劉繪		詠萍詩	27.15.詩	
滕輔	後漢	祭牙文	22.1.祭文	
蔡允恭	唐	奉和出潁至淮應令詩	6.5.詩	
蔡邕	後漢	文範先生陳仲弓碑序	18.1.序	
蔡邕		協和婚賦	14.7.賦	
蔡邕		青衣賦	19.6.賦	
蔡邕		貞定真父碑	18.2.碑	
蔡邕		書	21.6.2	
蔡邕		琴賦	16.1.2	
蔡邕		琴操	17.2.2	嚴氏作琴賦
蔡邕		琴操	18.7.2	
蔡邕		琴操	27.4.2	
蔡邕		琴操	30.1.2	
蔡邕		短人賦	19.5.2	
蔡邕		短人賦	19.5.賦	
蔡邕		郭有道碑序	18.1.序	
蔡邕		筆賦	21.6.2	
蔡邕		筆賦	21.6.賦	
蔡邕		傷故栗賦	28.6.賦	
蔡邕		楊太尉碑銘	11.2.碑	
蔡邕		漢律賦※	7.2.2	當爲漢津賦

蔡	邕		漢津賦	7.2.賦	
蔡	邕		篆書體	21.3.雜文	
蔡	邕		賦	16.1.賦	
蔡	邕		瞽師賦	16.10.2	
蔡	邕		蟬賦	異.30.12.2	
蔡	邕		禊文	3.1.2	
蔡	邕		麟頌	29.3.頌	
蔡	凝	陳	賦得處處春雲生詩	1.5.詩	
鄧	耽	後漢	郊祀賦	13.3.賦	
諸葛穎		隋	奉和出穎至淮應令詩	6.5.詩	
諸葛穎			奉和月夜觀星詩	1.4.詩	
諸葛穎			賦得微雨東來應教詩	2.1.詩	
摯	虞	晉	孔子讚	17.1.2	
摯	虞		文章流別論	21.5.2	
摯	虞		左丘明讚	17.2.讚	
摯	虞		庖犧讚	9.1.讚	
摯	虞		武庫銘	24.9.銘	
摯	虞		周文王讚	9.1.讚	
摯	虞		周武王讚	9.1.讚	
摯	虞		周宣王讚	9.1.讚	
摯	虞		唐堯讚	9.1.讚	
摯	虞		夏禹讚	9.1.讚	
摯	虞		殷湯讚	9.1.讚	
摯	虞		神農讚	9.1.讚	
摯	虞		連理頌	28.15.2	
摯	虞		黃帝讚	9.1.讚	
摯	虞		雍州詩	8.3.詩	
摯	虞		漢文帝讚	9.1.讚	
摯	虞		漢高祖讚	9.1.讚	
摯	虞		漢惠帝讚	9.1.讚	

摯	虞		槐樹賦	28.15.賦	
摯	虞		觀魚賦	30.10.賦	
摯	虞		顏子讚	17.2.2	
摯	虞		隴西王泰爲太尉冊	11.2.2	
摯	虞		釋奠頌	14.3.2	
潘	尼	晉	七月七日侍皇太子宴玄圃園	4.9.詩	
潘	尼		三日洛水作詩	4.6.詩	
潘	尼		巳日詩	4.6.2	
潘	尼		火賦	25.15.2	
潘	尼		火賦	25.16.賦	
潘	尼		火賦	異.25.16.賦	
潘	尼		石榴賦	28.11.2	
潘	尼		東武館賦	28.2.2	
潘	尼		皇太子集詩	10.3.2	
潘	尼		皇太子釋奠頌	10.3.2	
潘	尼		後園頌	24.13.頌	
潘	尼		秋菊賦	27.12.2	
潘	尼		秋菊賦	27.12.賦	
潘	尼		苦雨賦	2.1.賦	
潘	尼		釣賦	22.11.賦	
潘	尼		惡道賦	24.14.2	
潘	尼		詩	1.2.2	
潘	尼		詩	14.5.2	
潘	尼		詩	24.7.2	
潘	尼		詩序	10.3.2	
潘	尼		賦	2.8.2	
潘	尼		釋奠詩	14.3.2	
潘	尼		釋奠頌	14.3.2	
潘	尼		釋奠頌	14.3.2	

潘　岳	晉	西征賦	5.8.2	
潘　岳		西征賦	6.1.2	
潘　岳		西征賦	7.4.2	
潘　岳		西征賦	7.4.2	
潘　岳		西征賦	7.4.2	
潘　岳		西征賦	7.4.2	
潘　岳		西征賦	7.4.2	
潘　岳		西征賦	7.4.2	
潘　岳		西征賦	10.5.2	
潘　岳		於賈謐坐講漢書詩	21.2.詩	
潘　岳		河陽庭前安石榴賦	28.11.賦	
潘　岳		南陽長公主誄	10.6.誄	
潘　岳		秋興賦	3.3.賦	
潘　岳		秋興賦	3.3.2	
潘　岳		秋興賦	3.3.2	
潘　岳		秋興賦	3.3.2	
潘　岳		秋興賦	3.3.2	
潘　岳		悼亡詩	1.3.2	
潘　岳		笙賦	15.4.2	
潘　岳		笙賦	16.9.2	
潘　岳		笙賦	16.9.2	
潘　岳		笙賦	16.9.賦	
潘　岳		笙賦	28.8.2	
潘　岳		答摯虞新婚箴	14.7.箴	
潘　岳		閑居賦	18.1.賦	
潘　岳		閑居賦	6.7.2	
潘　岳		閑居賦	28.2.2	
潘　岳		閑居賦	28.5.2	
潘　岳		閑居賦	28.7.2	
潘　岳		閑居賦	28.10.2	

潘　岳		閑居賦	異.28.2.2	
潘　岳		閑情賦	18.1.2	
潘　岳		楊荊州誄	12.21.2	
潘　岳		詩	18.2.2	
潘　岳		賦	14.1.2	
潘　岳		賦	14.1.2	
潘　岳		賦	異.28.8.2	
潘　岳		螢火賦	異.30.14.賦	
潘　岳		螢火賦	30.14.賦	
潘　岳		螢賦	30.14.2	
潘　岳		螢賦	異.30.14.2	
潘　岳		懷縣詩	4.8.詩	
潘　岳		藉田賦	14.1.賦	
潘　岳		籍田賦	14.1.2	籍當作藉
嵆含※	晉	祖道賦	13.2.賦	即嵇含
閭邱沖	晉	三月三日應詔詩	4.6.詩	
綦母氏	先唐	錢神論	27.5.2	
魯　本	隋	與胡師耽同繫胡州出被刑獄詩	20.11.詩	
魯　褒	晉	錢神論	27.5.論	
鄭　氏	唐	婚禮謁文讚	21.9.2	
鄭　氏		婚禮謁文讚	27.10.2	
鄭　氏		婚禮謁文讚	29.8.2	
鄭　軌	唐	觀兄弟同夜成婚詩	14.7.詩	
鄭義眞	唐	奉和過溫湯	7.3.詩	
鄭　翼※	唐	看新婦詩	14.7.詩	當爲鄭世翼
鄭　翼		登北邙還望京洛詩	24.1.詩	
鄭　翼		過嚴君平古井	7.6.詩	
鄭鮮※	宋	祭牙文	22.1.祭文	當作鄭鮮之
盧元明	後魏	晦日汎舟應詔詩	4.4.詩	
盧元明		劇鼠賦	29.14.賦	

盧思道	隋	上巳襖飲詩	4.6.詩	
盧思道		在齊爲百官賀甘露表	2.5.表	
盧思道		夜聞鄰妓詩	15.2.詩	
盧思道		納涼賦	3.2.賦	
盧思道		祭澡湖文	7.1.文	
盧思道		彭城王挽歌詩	14.10.詩	
盧思道		樂平長公主挽歌詩	14.10.詩	
盧思道		賦得珠簾詩	25.4.詩	
盧思道		駕出圜丘詩	13.3.詩	
盧照鄰	唐	秋霖賦	2.1.賦	
盧諶	晉	宣徽賦	12.1.2	
盧諶		朝華賦	2.8.2	
盧諶		菊賦	27.12.2	
盧諶		菊賦	27.12.2	
盧諶		詩	3.3.2	
盧諶		詩	5.2.2	
盧藏用	唐	奉和立春游苑詩	24.12.詩	
蕭大圜	隋	竹花賦	28.18.賦	
蕭子良	南齊	梧桐賦	28.16.賦	
蕭子雲	梁	歲暮直盧賦	3.4.賦	
蕭子範	梁	後堂聽蟬詩	30.12.詩	
蕭子範		爲兄宗正讓都官尚書表	11.5.表	
蕭子範		夏夜獨坐詩	3.2.詩	
蕭子範		家園三月三日賦	4.6.賦	
蕭放	北齊	冬夜對妓詩	15.2.詩	
蕭放		詠竹詩	28.18.詩	
蕭欣	後梁	謝賜甘露啓	2.5.啓	
蕭和	梁	螢火賦	30.14.賦	
蕭紀	梁	詠鵲詩	30.6.詩	
蕭推	梁	賦得翠石應令詩	5.9.詩	
蕭琮	隋	奉和月夜觀星詩	1.4.詩	

蕭 琛	梁	詠鞞應詔詩	16.7.詩	
蕭 鈞	梁	晚景遊泛懷友詩	18.2.詩	
蕭 撝	北周	上蓮山詩	5.2.詩	
蕭 詮	陳	賦得往往孤山映詩	5.2.詩	
蕭 銓		夜聞啼詩	29.15.詩	
蕭楚才	唐	奉和展禮岱宗塗經濮濟詩	6.6.詩	
蕭德言	唐	詠舞詩	15.5.詩	
蕭 鄰	陳	詠裙複詩	26.10.詩	
蕭 璟	宋	貧士詩	18.6.詩	
蕭 愨	隋	和司徒鎧曹陽辟強秋晚詩	3.3.詩	
蕭 愨		和初秋西園應教詩	3.3.詩	
蕭 愨		和崔侍中從駕經山寺詩	23.8.詩	
蕭 愨		奉和元日詩	4.1.詩	
蕭 愨		奉和冬至應教詩	4.12.詩	
蕭 愨		奉和望山應教詩	5.2.詩	
蕭 愨		奉和詠龍門桃花詩	28.3.詩	
蕭 愨		奉和濟黃河應教詩	6.3.詩	
蕭 愨		屏風詩	25.3.詩	
蕭 愨		春晚庭望詩	3.1.詩	
蕭 愨		春賦	3.1.賦	
蕭 愨		秋日詩	3.3.詩	
蕭 愨		聽琴詩	16.1.詩	題趙蕭愨，誤也。
閻朝隱	唐	奉和送金城公主詩	10.6.詩	
駱賓王	唐	釣磯應詔文	22.11.文	
駱賓王		秋露詩	2.5.詩	
駱賓王		獄中書情通簡知己詩	20.11.詩	
駱賓王		樂大夫挽歌詩	14.10.詩	
鮑 泉	梁	奉和湘東王春日詩	3.1.詩	
鮑 泉		秋詩	3.3.詩	
鮑 泉		詩	異.28.10.詩	

鮑明遠			秋思賦	3.3.2	
鮑明遠	宋		還舊廬詩	17.6.詩	鮑照字明遠
鮑明遠			贈別傅都曹詩	18.7.詩	
鮑　昭			學劉公幹詩梁沈約詠雪應令詩	2.2.詩	即鮑照
鮑　昭			冬日詩	3.4.詩	
鮑　昭			冬至詩	4.12.詩	
鮑　昭			冬詩	3.4.2	
鮑　昭			冬詩	3.4.2	
鮑　昭			白紵詞	15.1.2	
鮑　昭			束洛篇	24.5.2	
鮑　昭			河清頌	6.3.2	
鮑　昭			河清頌	6.3.頌	
鮑　昭			芙蓉賦	27.13.賦	
鮑　昭			秋日詩	3.3.詩	
鮑　昭			凌煙樓銘	24.5.銘	
鮑　昭			堂上行	19.2.行	
鮑　昭			答休上人菊詩	27.12.詩	
鮑　昭			飛白書勢	21.3.2	
鮑　昭			淮南王宮使曲	10.5.2	
鮑　昭			傷逝賦	14.8.賦	
鮑　昭			過銅山掘黃精詩	20.7.詩	
鮑　昭			舞鶴賦	30.2.賦	
鮑　昭			舞鶴賦	30.2.2	
鮑　昭			舞鶴賦	30.2.2	
鮑　昭			舞鶴賦	30.2.2	
鮑　昭			蕪城賦	24.2.2	
鮑　昭			蕪城賦	24.2.賦	
鮑　照			觀漏刻賦	25.1.賦	題梁鮑照
鮑　昭			代京洛篇	18.4.詩	題齊鮑昭
鮑　昭			清河頌	18.5.頌	題齊鮑昭
鮑　昭			擬古詩	18.4.詩	
鮑　照			詩	1.3.2	

應　亨	後漢	贈四王冠詩	14.6.詩	
應吉甫	晉	安石榴賦	28.11.2	應貞字吉甫
應　貞		安石榴賦	28.11.2	
應　亨	晉	集讓著作表	12.12.2	
應　亨		贈四王冠詩	14.6.2	
應　璩	魏	百壹詩	18.1.詩	
應　璩		百壹詩	18.3.詩	
應　璩		新詩	11.3.2	
應　璩		與韋仲將書	18.6.書	
應　璩		與董仲連書	18.6.書	
應　瑒	魏	校獵賦	22.10.2	
應　瑒		校獵賦	22.10.2	
應　瑒	後漢	靈河賦	6.3.賦	
應　瑒		詩	15.5.詩	
應　瑗	※	雜詩	18.6.詩	
戴　逵	晉	水讚	6.1.讚	
戴　逵		流火賦	25.16.賦	
戴　逵		琴讚	16.1.2	
戴　逵		離興賦	18.7.2	
戴　逵		酒讚	26.11.讚	
戴　嵩	梁	月重輪行詩	1.3.詩	
繆　襲	魏	青龍賦	30.9.賦	
繆　襲		挽歌詩	14.10.詩	
繆　襲		喜霽賦	2.8.賦	
繆　襲		藉田賦	14.1.2	
繁　欽	後漢	定情田詩	26.10.2	
繁　欽		尙書箴	11.5.箴	
繁　欽		秋思賦	3.3.賦	
繁　欽		硯	21.8.2	
繁　欽		硯頌	21.8.頌	

繁　欽		硯讚	21.8.2	
繁　欽		硯讚	21.8.2	
繁　欽		硯讚	21.8.讚	
繁　欽		暑賦	3.2.賦	
繁　欽		槐樹詩	28.15.詩	
薛元超	唐	和周太子監守違戀詩	10.3.詩	
薛　收	唐	琵琶賦	16.3.賦	
薛克搆	唐	奉和展禮岱宗塗經濮濟詩	6.6.詩	
薛　昉	隋	巢王座韻得餘詩	10.5.詩	
薛育惑	唐	進船於洛水詩	66.7.詩	
薛道衡	隋	人日思歸詩	4.2.詩	
薛道衡		入郴江詩	6.4.詩	
薛道衡		和許給事善心戲場轉韻詩	15.2.詩	
薛道衡		奉和月夜聽軍樂應詔詩	15.1.詩	
薛道衡		奉和臨渭源應詔詩	6.8.詩	
薛道衡		秋遊昆明池	7.4.詩	
薛道衡		夏晚詩	3.2.詩	
薛道衡		宴喜賦	14.5.賦	
薛道衡		從駕天池應詔詩	13.7.詩	
薛道衡		從駕幸晉陽詩	13.7.詩	
薛道衡		梅夏應教詩	3.2.詩	
薛道衡		祭江文	6.4.祭文	
薛道衡		祭淮文	6.5.祭文	
薛道衡		渡北河詩	6.3.詩	
薛道衡		詠苔紙詩	21.7.詩	
薛道衡		歲窮應教詩	4.14.詩	
薛　綜	吳	白鹿頌	29.11.頌	
薛　綜		赤烏頌	30.5.2	
薛　綜		注西京賦	5.5.1	
薛　綜		注西京賦	5.5.2	
薛　綜		麒麟頌	29.3.頌	

薛 曜	唐	正夜侍宴應詔詩	15.5.詩	
謝 尚	晉	與楊征南書	22.3.2	
謝 尚		贈王彪之詩	28.17.2	
謝 承	吳	三夫人箴	10.1.2	
謝玄暉	南齊	直中書省詩	11.10.詩	謝脁字玄暉
謝 脁	南齊	七夕賦	4.9.賦	
謝 脁		休沐重還道中詩	20.6.詩	
謝 脁		和蕭子良高松賦	28.13.賦	
謝 脁		爲皇太子侍華光殿曲水宴詩	4.6.詩	
謝 脁		夏日詩	3.2.詩	
謝 脁		游東堂詠桐詩	28.16.詩	
謝 脁		詠琴詩	16.1.詩	
謝 脁		詠燈詩	25.13.詩	
謝 脁		詠鏡臺詩	25.10.詩	
謝 脁		楚江賦	6.4.賦	
謝 脁		敬皇后哀冊文	10.1.文	
謝 脁		新亭渚別范雲詩	18.7.詩	
謝 脁		詩	25.6.詩	
謝 脁		謝梨啓	28.7.2	
謝 脁		謝隨王賜左傳啓	21.1.啓	
謝 脁		觀朝雨詩	2.1.詩	
謝 莊	宋	七夕詠牽牛	4.9.2	
謝 莊		八座太宰江夏王表請封禪奏	13.8.2	
謝 莊		太子元服上太后表	10.3.表	
謝 莊		太子妃哀冊文	10.4.冊	
謝 莊		月賦	1.3.賦	
謝 莊		月賦	27.16.2	
謝 莊		北中郎謝兼司徒章	11.2.章	
謝 莊		赤鸚鵡賦	6.2.2	

謝 莊		赤鸚鵡賦	30.8.賦	
謝 莊		尚書中候	13.8.2	
謝 莊		殷貴妃諡冊文	10.2.冊文	
謝 莊		瑞雪詩	2.2.2	
謝 莊		舞馬賦	29.4.賦	
謝 莊		慶太子元服上至尊表	10.3.表	
謝 莊		謝賜貂裘表	26.8.表	
謝 莊		讓中書令表	11.9.表	
謝 莊		烝齋應詔詩	13.2.詩	
謝惠連	宋	七夕詠牛女詩	4.9.詩	
謝惠連		七夕詠牛女詩	4.9.2	
謝惠連		三日詩	3.1.2	
謝惠連		上巳詩	4.6.詩	
謝惠連		四海讚	6.2.讚	
謝惠連		甘賦	28.8.賦	
謝惠連		白羽扇讚	25.7.讚	
謝惠連		秋詩	3.3.詩	
謝惠連		柑賦	異.28.8.賦	
謝惠連		雪賦	2.2.賦	
謝惠連		雪賦	3.4.2	
謝惠連		琴讚	16.1.讚	
謝惠連		詠冬詩	3.4.2	
謝惠連		詩	3.3.2	
謝惠連		詩	22.7.2	
謝惠連		賦	2.2.2	
謝惠連		懷秋詩	3.3.2	
謝 偓	唐	惟皇誡德賦	18.3.賦	
謝 偓		聽歌賦	15.4.賦	
謝 偓		觀舞賦	15.5.賦	
謝琨※	晉	送二王在領軍府集詩	18.7.2	謝混
謝 琨		送二王在領軍府詩	18.7.2	

謝 萬	晉	七賢嵇中散讚	17.2.讚	
謝 萬		八賢楚老頌	17.2.2	
謝 萬		八賢頌	17.2.2	
謝 萬		春遊賦	3.1.賦	
謝 萬		春賦	3.1.2	
謝 瑱	梁	和蕭國子詠奈花詩	28.2.詩	
謝 瞻	宋	九日從宋公戲馬臺	4.11.詩	
謝靈運	宋	九日從宋公戲馬臺送孔令詩	4.11.詩	
謝靈運		七夕詠牛女詩	4.9.詩	
謝靈運		七夕詩	3.3.2	
謝靈運		入彭蠡口詩	3.1.2	
謝靈運		三月三日侍宴西池詩	4.6.詩	
謝靈運		山居賦	28.18.	
謝靈運		太山吟	5.2.2	
謝靈運		王子晉讚	23.2.讚	
謝靈運		白虎通	13.8.2	
謝靈運		江妃賦	19.2.賦	
謝靈運		侍汎舟讚	25.11.讚	
謝靈運		怨曉月賦	1.3.賦	
謝靈運		相送方山詩	18.7.詩	
謝靈運		苦寒行	7.5.2	
謝靈運		泰山吟	5.3.詩	
謝靈運		泰山吟行	13.8.2	
謝靈運		送雷次宗詩	18.7.2	
謝靈運		從宋公戲馬臺集孔令詩	18.7.2	
謝靈運		彭城宮中直感歲暮詩	3.4.詩	
謝靈運		遊名山志序	5.2.序	
謝靈運		遊赤石進帆海詩	6.2.詩	
謝靈運		詩	1.6.1	
謝靈運		詩	5.4.2	
謝靈運		詩	28.3.2	

謝靈運		燕歌行	30.12.2	
謝靈運		燕歌行	異.30.12.2	
謝靈運		衡山詩	5.4.詩	
謝靈運		還舊園詩	24.13.詩	
謝靈運		歲暮詩	3.4.詩	
謝靈運		巖下一老翁五少年讚	23.2.讚	
鍾夫人※	魏	詩	3.4.2	王渾妻鍾琰
鍾　會	魏	菊花賦	27.12.2	
鍾　會		菊花賦	27.12.賦	
鍾　會		菊華賦	27.12.2	
顏之推	隋	聽鳴蟬詩	30.12.詩	題隋有誤，當正爲北齊。
顏延之	宋	天地郊夕牲歌辭	13.3.歌	
顏延之		白鸚鵡賦	30.8.賦	
顏延之		侍皇太子釋奠	14.3.詩	
顏延之		家傳銘	21.2.銘	
顏延之		連珠	25.15.2	
顏延之		寒蟬賦	30.12.2	
顏延之		寒蟬賦	異.30.12.賦	
顏延之		詔宴曲水詩	4.6.詩	
顏延之		赭白馬賦	29.4.	
顏延之		論檢	17.1.2 賦	
顏延之		織女贈牽牛詩	4.9.2	
顏延之		釋奠詩	14.3.2	
顏延年		和謝監靈運詩	12.9.詩	顏延之字延年
顏延年		直東宮答鄭尙書詩	11.5.詩	
顏師古	唐	四大河祝文	6.3.文	
顏師古		奉和正日臨應詔詩	14.4.詩	
顏師古		幽蘭賦	27.11.賦	
顏師古		神州地祇祝文	5.1.文	
顏師古		聖德頌	9.1.頌	
顏師古		聖德頌	17.1.頌	

顏　測	宋	七夕連句詩	4.9.2	
顏　測		九日坐北湖聯句詩	4.11.2	
顏　峻	宋	七廟迎神辭	13.4.歌	
顏　竣		皇后廟登歌	10.1.2	
魏元忠	唐	侍宴銀潢宮應制詩	15.5.詩	
魏文帝	魏	見挽船士兄弟辭別詩	18.7.2	
魏文帝		典論	3.2.2	
魏文帝		典論	10.3.2	
魏文帝		典論	10.3.2	
魏文帝		典論	21.5.2	
魏文帝		典論	21.5.2	
魏文帝		典論	21.5.2	
魏文帝		典論	21.5.2	
魏文帝		典論	21.5.2	
魏文帝		典論	22.2.2	
魏文帝		典論	22.2.2	
魏文帝		典論自敘	9.1.2	
魏文帝		於講堂作詩	15.5.詩	
魏文帝		於醮作詩	15.5.詩	
魏文帝		柳賦	28.17.2	
魏文帝		柳賦	28.17.2	
魏文帝		柳賦	28.17.賦	
魏文帝		校獵賦	22.10.2	
魏文帝		校獵賦	22.10.2	
魏文帝		校獵賦	24.13.2	
魏文帝		浮淮賦	6.5.賦	
魏文帝		登山遠望詩	5.2.2	
魏文帝		登城賦	24.2.賦	
魏文帝		短歌	29.11.2	
魏文帝		答繁欽書	30.4.2	

魏文帝	詔	28.7.2	
魏文帝	集	10.3.2	
魏文帝	集論	18.2.1	
魏文帝	詩	14.5.2	
魏文帝	詩	14.5.2	
魏文帝	詩	15.2.2	
魏文帝	詩	15.4.2	
魏文帝	詩	15.4.2	
魏文帝	詩	22.10.2	
魏文帝	槐賦序	24.10.2	
魏文帝	與王朗書	29.14.2	
魏文帝	與吳質書	3.2.2	
魏文帝	與吳質書	3.2.書	
魏文帝	與吳質書	21.5.2	
魏文帝	與吳質書	21.5.2	
魏文帝	與吳質書	28.1.2	
魏文帝	與吳質書	異.28.1.	
魏文帝	與朝臣書	27.10.2	
魏文帝	與繁欽書	19.2.2	
魏文帝	與繁欽書	25.2.2	
魏文帝	與鍾繇書	4.11.書	
魏文帝	說諸物	27.9.2	
魏文帝	樂府短歌行	17.6.歌	
魏文帝	燕歌行	3.3.2	
魏文帝	燕歌行	15.2.2	
魏文帝	臨渦賦	22.9.2	
魏文帝	臨渦賦序	9.1.2	
魏文帝	離居賦	18.7.賦	
魏文帝	露陌刀銘	22.3.銘	
魏文	與吳質書	16.10.1	
※	典論	22.2.1	當爲魏文帝
※	典論	22.3.1	

魏　收	北齊	五日詩	4.7.詩	
魏　收		月下秋宴詩	15.5.詩	
魏　收		看柳上鵲詩	28.15.賦	
魏　收		庭柏詩	28.14.詩	
魏　收		晦日汎舟應詔詩	4.4.詩	
魏　收		蜡節詩	4.13.詩	
魏明帝	魏	猛虎行	7.6.2	
魏明帝		善哉行	22.8.2	
魏明帝		與東阿王詔	2.5.2	
魏　武	魏	上雜物疏	21.8.1	
魏　武		上雜物疏	21.8.2	
魏武帝		出夏門行	3.4.2	
魏武帝		古樂府詩	1.1.2	
魏武帝		明罰令	4.5.2	
魏武帝		苦寒行	24.14.2	
魏武帝		苦寒行	26.13.2	
魏武帝		短歌行	1.3.2	
魏武帝		與楊彪書	25.12.2	
魏武帝		樂府詩	30.6.2	
魏　武		選舉令	20.5.1	
魏　武		謠俗詞	18.6.詩	
魏　武		雜物疏	25.10.1	
魏知古	唐	玄元觀尋李先生不遇詩	23.3.詩	
魏知古		和鸞臺楊侍郎春夜寓直鳳閣懷群公詩	12.2.詩	
魏知古		奉和春日途中喜雨詩	2.1.詩	
魏知古		春夜寓直鳳閣懷群公詩	11.10.詩	
魏高貴鄉公	魏	集	12.2.2	
魏高貴鄉公		顏子論	17.2.論	

魏彥琛	隋	初夏應詔詩	3.2.詩	
魏彥深		詠石榴詩	28.11.詩	魏澹字彥深
魏彥深		詠桐詩	28.16.詩	
魏彥深		詠階前萱草詩	27.14.詩	
魏彥深		園樹有巢鵲戲以詠之	30.6.詩	
魏彥深		鷹賦	30.4.賦	
魏　徵	唐	奉和正日臨朝應詔詩	14.4.詩	
邊　讓	漢	章華賦	15.2.2	
邊　讓		章華賦	15.5.2	
蘇味道	唐	九江口南濟北接蘄春南與潯陽岸詩	6.4.詩	
蘇味道		正月十五日詩	4.3.詩	
蘇味道		在廣州聞崔馬二御史並拜臺郎詩	11.8.詩	
蘇味道		奉和受圖溫洛詩	6.7.詩	
蘇味道		始背洛城秋郊矚目奉懷臺中諸侍御詩	12.8.詩	
蘇味道		詠井	7.6.詩	
蘇味道		詠石詩	5.9.詩	
蘇味道		詠虹詩	2.7.詩	
蘇味道		詠霜詩	2.3.詩	
蘇味道		詠霧詩	2.6.詩	
蘇味道		贈封御史入臺詩	12.8.詩	
蘇　彥	晉	秋夜長	3.3.2	
蘇　彥		秋夜長	3.3.2	
蘇　順	漢	賈逵誄	21.4.2	
蘇　瓌	唐	興慶池侍宴應制詩	15.5.詩	
竇韜妻蘇氏	前秦	織錦迴文七言詩	27.6.詩	題前秦苻堅刺史竇韜妻蘇氏
釋法宣	※	和趙郡王觀妓應教詩	15.2.詩	

釋洪偃	陳	遊故苑詩	24.12.詩	
釋惠摽	陳	詠山詩	5.2.詩	
釋惠摽		詠山詩	5.2.詩	
釋惠摽		詠山詩	5.2.詩	
釋慧摽		詠水詩	6.1.詩	即釋惠摽
摽法師		詠孤石詩	5.9.詩	即釋惠摽
釋慧遠	晉	曇無竭菩薩讚	23.6.讚	
顧野王	陳	拂崖篠賦	28.18.賦	
顧野王		笙賦	16.9.賦	
顧野王		箏賦	16.2.賦	
顧野王		舞影賦	15.5.賦	
顧　煊	梁	賦得露詩隋江總詠探甘露應詔詩	2.5.詩	
顧愷之	晉	箏賦	16.2.賦	
顧愷之		箏賦	16.2.2	
顧愷之		鳳賦	30.1.2	
顧愷之		鳳賦	30.1.2	
顧凱之		冰賦	7.5.2	
顧凱之		冰賦	7.5.賦	
顧凱之		雷電賦	1.7.賦	
禰　衡	後漢	顏子碑	17.2.碑	
禰　衡		鸚鵡賦	30.8.賦	
禰　衡		鸚鵡賦	30.8.2	
禰　衡		鸚鵡賦	30.8.2	
禰　衡		鸚鵡賦序	17.7.序	
闞　澤	吳	九章	26.12.1	

三、總集類

集　　名	作　　者	時　代	卷・類・子目
文章流別論	摯　虞	晉	21.5.2
古善哉行		※	18.2.詩
古詩			1.3.2
古詩			3.4.2
古詩			4.3.2
古詩			4.7.1
古詩			4.9.詩
古詩			14.5.詩
古詩			18.7.詩
古詩			19.2.詩
古詩			19.6.2
古詩			25.10.2
古詩			異.28.3.2
古詩			異.30.13.詩
古詩詠香鑪詩			25.8.詩
古歌詩			異.28.1.詩
古歌辭			異.28.3.2
古舞歌詩			7.6.2
古樂府			15.4.1
古樂府陌上桑行			19.2.行
古樂府陌上採桑			26.10.2
古樂府詩			1.1.2
古樂府詩			18.4.詩
古樂府歌			30.5.2
古樂府歌詞			30.13.2

李陵與蘇武詩			18.7.2
李陵贈蘇武詩			18.7.2
李陵贈蘇武詩			18.7.2
李陵贈蘇武詩			18.7.詩
李陵答蘇武書			3.3.2
郊居歌			15.4.1
晉郊祀歌			13.3.2
晉郊祀歌			13.3.2
樂府飛鵠行			18.7.2
樂歌			24.10.2
俳諧集	袁淑	宋	29.6.2
俳諧集			29.9.2
俳諧集			29.15.2
俳諧集廬山公九錫文			29.6.文
織錦迴文七言詩	竇韜妻蘇氏	前秦	27.6.詩
翰林論	李充	晉	21.5.2
翰林論			21.5.2
蘇武別李陵詩			18.7.2
蘇武別李陵詩			18.7.2
蘇武贈李陵詩			18.7.2
觀象賦	張鏡※	宋	1.4.2

附錄二 《初學記》徵引集部典籍存佚表

一、史志著錄者

隋　　志	舊唐志	新唐志	備　　註
楚辭類			
楚辭十二卷	十六卷	十六卷	存
別集類			
先　秦			
荀況集一卷（殘缺，梁二卷）	二卷	二卷	佚（全上古三代文卷九）
宋玉集三卷	二卷	二卷	佚（全上古三代文卷十）
漢			
漢武帝集一卷（梁二卷）	二卷	二卷	佚（全漢文卷三至卷四、漢詩卷一）
淮南王集一卷（梁二卷）	二卷	二卷	佚（全漢文卷十二）
賈誼集（梁四卷，錄一卷）	二卷	二卷	輯（賈長沙集）
枚乘集（梁二卷，錄一卷）	二卷	二卷	輯（枚叔集）
東方朔集二卷	二卷	二卷	輯（東方大中集）
司馬相如集一卷	二卷	二卷	輯（司馬相如集）
王褒集五卷	五卷	五卷	輯（王諫議集）
劉向集六卷	五卷	五卷	輯（劉中壘集）
揚雄集五卷	五卷	五卷	輯（揚子雲集）
劉歆集五卷	五卷	五卷	輯（劉子駿集）
班婕妤集一卷			佚（全漢文卷一、漢詩卷二）
班昭集（梁三卷）	二卷（曹大家集）		佚（梁一卷）
崔篆集（梁一卷）	一卷	一卷	佚（全後漢文卷六一）
桓譚集（梁五卷）	二卷	二卷	佚（全後漢文卷十二至卷十五）

馮衍集五卷	五卷	五卷	輯（馮曲陽集）
班彪集二卷（梁五卷）	二卷	三卷	輯（叔皮集）
傅毅集二卷（梁五卷）	五卷	五卷	輯（傅司馬集）
班固集十七卷	十卷	十卷	輯（班蘭臺集）
黃香集（梁二卷）	二卷	二卷	佚（全後漢文卷四二）
崔駰集十卷	十卷	十卷	輯（崔亭伯集）
李尤集（梁五卷）			輯（李蘭臺集）
崔瑗集六卷（梁五卷）	五卷	五卷	佚（全後漢文卷四四）
張衡集十一卷（梁十二卷，又一本十四卷）	十卷	十卷	輯（張河間集）
蘇順集（梁二卷）	二卷	二卷	佚（全後漢文卷四九）
胡廣集（梁二卷，錄一卷）	二卷	二卷	佚（全後漢文卷五六）
葛龔集六卷（梁五卷，一本七卷）	五卷	五卷	佚（全後漢文卷五六）
李固集十二卷（梁十卷）	十卷	十卷	佚（全後漢文卷四八）
馬融集九卷	五卷	五卷	輯（馬季長集）
王逸集（梁二卷，錄一卷）	二卷	二卷	輯（王叔師集）
崔琦集一卷（梁二卷）	二卷	二卷	佚（全後漢文卷四五）
皇甫規集（梁五卷）	五卷	五卷	輯（皇甫司農集）
張奐集（梁二卷，錄一卷）	二卷	二卷	輯（張奐集）
王延壽集（梁三卷）			佚（全後漢文卷五八）
崔寔集（梁二卷，錄一卷）			佚（全後漢文卷四五至卷四八）
趙壹集（梁二卷，錄一卷）	二卷	二卷	輯（趙計吏集）
侯瑾集（梁二卷）	二卷	二卷	佚（全後漢文卷六六、漢詩卷六）
蔡邕集十二卷（梁二十卷，錄一卷）	二十卷	二十卷	輯（蔡中郎集）
張超集（梁五卷）	四卷（張劭集）	五卷（張邵集）	佚（全後漢文卷八四）
孔融集九卷（梁十卷，錄一卷）	十卷	十卷	輯（孔北海集）
禰衡集（梁二卷，錄一卷）	二卷	二卷	佚（全後漢文卷八七）
阮瑀集五卷（梁錄一卷）	五卷	五卷	輯（阮元瑜集）
徐幹集五卷（梁錄一卷）	五卷	五卷	輯（徐偉長集）

應瑒集一卷 （梁五卷，錄一卷）	二卷	二卷	輯（應德璉集）
陳琳集三卷 （梁十卷，錄一卷）	十卷	十卷	輯（陳記室集、陳孔璋集）
劉楨集四卷（梁錄一卷）	二卷	二卷	輯（劉公幹集）
繁欽集十卷（梁錄一卷）	十卷	十卷	佚（全後漢文卷九三、魏詩卷三）
王粲集十一卷	十卷	十卷	輯（王仲宣集、王侍中集）
魏			
魏武帝集二十六卷 （梁三十卷，錄一卷。又武皇帝逸集十卷）魏武帝集新撰十卷	三十卷	三十卷	輯（魏武帝集）
魏文帝集十卷（梁二十三卷）	十卷	十卷	輯（魏文帝集）
魏明帝集七卷 （梁五卷，或九卷，錄一卷）	十卷	十卷	佚（全三國文卷九至卷十、魏詩卷五）
高貴鄉公集（梁四卷）	二卷	二卷	佚（全三國文卷十一、魏詩卷八）
曹植集三十卷	二十卷，又三十卷	二十卷 （陳思王集） 又三十卷	輯（曹子建集）
王朗集三十四卷（梁三十卷）	三十卷	三十卷	佚（全三國文卷二二）
吳質集（梁五卷）	五卷	五卷	佚（全三國文卷）
繆襲集五卷（梁錄一卷）	五卷	五卷	佚（全三國文卷三八、魏詩卷十一）
韋誕集（梁三卷，錄一卷）	三卷	三卷	佚（全三國文卷三二）
卞蘭集（梁二卷，錄一卷）	二卷	二卷	佚（全三國文卷三十）
孫該集（梁二卷，錄一卷）	二卷	二卷	佚（全三國文卷四十）
傅巽集（梁二卷，錄一卷）	二卷	二卷	佚（全三國文卷三五）
王肅集五卷（梁錄一卷）	五卷	五卷	佚（全三國文卷二三）
何晏集十一卷 （梁十卷，錄一卷）	十卷	十卷	佚（全三國文卷三九、魏詩卷八）
應璩十卷（梁錄一卷）	十卷 （應瑗集）	十卷 （應瑗集）	輯（應休璉集）

杜摯集二卷	一卷	二卷	佚（全三國文卷四一、魏詩卷十五）
夏侯玄集三卷	二卷	二卷	佚（全三國文卷二一）
阮籍集十卷（梁十三卷，錄一卷）	五卷	五卷	輯（阮嗣宗集）
嵇康集十三卷（梁十五卷，錄一卷）	十五卷	十五卷	輯（嵇康集、嵇中散集）
呂安集（梁二卷，錄一卷）	二卷	二卷	佚（全三國文卷五一）
鍾會集九卷（梁十卷，錄一卷）	十卷	十卷	輯（鍾司徒集）
程曉集二卷（梁錄一卷）	二卷	二卷	佚（全三國文卷三九、晉詩卷一）
吳			
薛綜集（梁三卷，錄一卷）	二卷	三卷	佚（全三國文卷六六、魏詩卷十二）
謝丞集（梁四卷）	四卷（謝承集）	四卷（謝承集）	佚（全三國文卷六六）
胡綜集二卷（梁錄一卷）	二卷	二卷	佚（全三國文卷六七）
華覈集（梁五卷，錄一卷）	三卷	五卷	佚（全三國文卷七四、魏詩卷十二）
晉			
王沈集五卷	五卷	五卷	佚（全晉文卷二八）
應貞集一卷（梁五卷）	五卷	五卷	佚（全晉文卷三五、晉詩卷二）
傅玄集十五卷（梁五十卷，錄一卷）	五十卷	五十卷	輯（傅鶉觚集）
成公綏集九卷（殘缺，梁十卷）	十卷	十卷	輯（成公子安集）
裴秀集（梁三卷，錄一卷）	三卷	三卷	佚（全晉文卷三三、晉詩卷二）
羊祜集一卷（殘缺，梁二卷，錄一卷）	二卷	二卷	佚（全晉文卷四十）
荀勖集（梁三卷）	二十卷	二十卷	輯（荀公曾集）
杜預集十八卷	二十卷	二十卷	輯（杜征南集）
皇甫謐集二卷（錄一卷）	二卷	二卷	佚（全晉文卷七一、晉詩卷二）

楊泉集二卷（錄一卷）	二卷	二卷	佚（全晉文卷七五）
閔鴻集三卷	二卷	二卷	佚（全晉文卷七四）
張華集十卷（梁一卷）	十卷	十卷	輯（張茂先集）
王濟集（梁二卷）	二卷	二卷	佚（全晉文卷二八、晉詩卷二）
華嶠集八卷（梁二卷）	一卷		佚（全晉文卷六六）
司馬彪集四卷（梁三卷，錄一卷）	三卷	三卷	佚（全晉文卷十六）
庾儵集（梁二卷，錄一卷）	三卷	三卷	佚（全晉文卷三六）
傅咸集十七卷（梁三十卷，錄一卷）	三十卷	三十卷	輯（傅中丞集）
棗據集（梁二卷，錄一卷）	二卷	二卷	佚（全晉文卷六七、晉詩卷二）
孫楚集六卷（梁十二卷，錄一卷）	十卷	十卷	輯（孫子荊集）
夏侯湛集十卷（梁錄一卷）	十卷	十卷	輯（夏侯常侍集）
王讚集（梁五卷）	三卷	二卷	佚（全晉文卷八六、晉詩卷八）
石崇集六卷（梁錄一卷）	五卷	五卷	佚（全晉文卷三三、晉詩卷四）
張敏集二卷（梁五卷）	二卷	二卷	佚（全晉文卷八十）
潘岳集十卷	十卷	十卷	輯（潘安仁集）
潘尼集十卷	十卷	十卷	輯（潘太常集）
李重集（梁二卷）	二卷	二卷	佚（全晉文卷五三）
應亨集（梁二卷）	二卷	二卷	佚（全晉文卷三五、晉詩卷二）
杜育集二卷	二卷	二卷	佚（全晉文卷八九）
摯虞集九卷（梁十卷，錄一卷）	二卷	十卷	輯（摯太常集）
左思集二卷（梁五卷，錄一卷）	五卷	五卷	輯（左太沖集）
張翰集（梁二卷）	二卷	二卷	佚（全晉文卷一○七、晉詩卷七）
陸機集十四卷（梁四十七卷，錄一卷）	十五卷	十五卷	輯（陸士衡集）

陸雲集十二卷 （梁十卷，錄一卷）	十卷	十卷	輯（陸士龍集、陸清河集）
張載集七卷 （梁一本二卷，錄一卷）	三卷	二卷	輯（張孟陽集）
張協集三卷 （梁四卷，錄一卷）	二卷	二卷	輯（張景陽集）
束晳集七卷 （梁五卷，錄一卷）	五卷	五卷	輯（束廣微集）
江統集（梁十卷，錄一卷）	十卷	十卷	佚（全晉文卷一〇六）
胡濟集（梁五卷，錄一卷）	五卷	五卷	佚（全晉文卷一〇九）
閭丘沖集（梁二卷，錄一卷）	二卷	二卷	佚（全晉文卷一二四、晉詩卷八）
阮瞻集（梁二卷，錄一卷）	二卷	二卷	佚（全晉文卷七二）
阮修集（梁二卷，錄一卷）	二卷 （阮循集）	二卷 （阮脩集）	佚（全晉文卷七二、晉詩卷七）
嵇含集（梁十卷，錄一卷）	十卷	十卷	佚（全晉文卷六五、晉詩卷七）
孫惠集八卷 （梁十一卷，錄一卷）	十卷	十卷	佚（全晉文卷一十五）
牽秀集四卷 （梁三卷，錄一卷）	五卷	五卷	佚（全晉文卷八四、晉詩卷七）
棗腆集（梁二卷，錄一卷）	二卷	二卷	佚（晉詩卷八）
劉琨集九卷（梁十卷） 劉琨別集十二卷	十卷	十卷	輯（劉越石集、劉司空集）
盧諶集十卷（梁錄一卷）	十卷	十卷	佚（全晉文卷三四、晉詩卷十二）
王廙集十卷 （梁三十四卷，錄一卷）	十卷	十卷	佚（全晉文卷二十）
熊遠集十二卷 （梁五卷，錄一卷）	五卷	五卷	佚（全晉文卷）
郭璞集十七卷 （梁十卷，錄一卷）	十卷	十卷	輯（郭弘農集）
梅陶集九卷 （梁二十卷，錄一卷）	十卷	十卷	佚（全晉文卷一二八、晉詩卷十二）
王鑒集九卷（梁五卷）	五卷	五卷	佚（全晉文卷一二八、晉詩卷十一）

溫嶠集十卷（梁錄一卷）	十卷	十卷	佚（全晉文卷八〇、晉詩卷十二）
虞預集（梁十卷）	十卷	十卷	佚（全晉文卷八二）
庾冰集七卷（梁二十卷，錄一卷）	二十卷	二十卷	佚（全晉文卷三七）
庾闡集九卷（梁十卷，錄一卷）	十卷	十卷	佚（全晉文卷三四、晉詩卷十二）
王隱集十卷（梁二十卷，錄一卷）	十卷	十卷	佚（全晉文卷八六）
干寶集四卷（梁五卷）	四卷	四卷	佚（全晉卷一二七、晉詩卷十一）
庾翼集二十二卷（梁二十卷，錄一卷）	二十卷	二十卷	佚（全晉文卷三七）
何充集四卷（梁五卷）	五卷	五卷	佚（全晉文卷三二）
郝默集（梁五卷）	五卷	五卷	佚（僅舞賦，全文未輯存）
劉恢集（梁二卷，錄一卷）	二卷 五卷（劉恢集）	五卷（劉恢集）	佚（全晉文卷一三一）
李充集二十二卷（梁十五卷，錄一卷）	十四卷	十四卷	佚（全晉文卷五三、晉詩卷一）
庾純集八卷	二卷（庾統集）	二卷（庾統集）	佚（全晉文卷一三二）
謝尚集（梁十卷，錄一卷）	五卷	五卷	佚（全晉文卷八三、晉詩卷十二）
王胡之集十卷（梁五卷，錄一卷）	五卷	五卷	佚（全晉文卷二十、晉詩卷十二）
王羲之集九卷（梁十卷，錄一卷）	五卷	五卷	輯（王右軍集）
謝萬集十六卷（梁十卷）	十卷	十卷（謝萬集）	佚（全晉文卷八三、晉詩卷十三）
楊方集（梁二卷）	二卷	二卷	佚（全晉文卷一二八、晉詩卷十一）
許詢集三卷（梁八卷，錄一卷）	三卷	三卷	佚（全晉文卷一三五、晉詩卷十二）
張望集十卷（梁十二卷，錄一卷）	三卷	三卷	佚（全晉文卷一三五、晉詩卷十二）
孫綽集十五卷（梁二十五卷）	十五卷	十五卷	輯（孫廷尉集）

江逌集九卷	五卷	五卷	佚（全晉文卷一○七、晉詩卷十一）
李顒集十卷（錄一卷）	十卷	十卷	佚（全晉文卷五三、晉詩卷十一）
曹毗集十卷（梁十五卷，錄一卷）	十五卷	十五卷	佚（全晉文卷一○七、晉詩卷十二）
王度集（梁五卷，錄一卷）	五卷	五卷	佚（全晉文卷一四八）
王彪之集二十卷（梁錄一卷）	二十卷	二十卷	佚（全晉文卷二一）
伏滔集十一卷、并目錄（梁五卷，錄一卷）	五卷	五卷	佚（全晉文卷一三三）
習鑿齒集五卷	五卷	五卷	佚（全晉文卷一三四、晉詩卷十四）
袁宏集十五卷（梁二十卷，錄一卷）	二十卷	二十卷	佚（全晉文卷五七）
王集十卷（梁錄一卷）			佚（全晉文卷二十、晉詩卷十二）
孫放集一卷（殘缺，梁十卷）	十五卷	十五卷	佚（全晉文卷六四、晉詩卷十三）
庾肅之集十卷（錄一卷）	十卷	十卷	佚（全晉文卷一三八、晉詩卷十四）
蘇彥集（梁十卷）	十卷	十卷	佚（全晉文卷一三七、晉詩卷十四）
戴逵集九卷（殘缺，梁十卷，錄一卷）	十卷	十卷	佚（全晉文卷一三七）
范寧集十六卷	十五卷	十五卷	佚（全晉文卷一二七）
王珣集十一卷并目錄（梁十卷，錄一卷）	十卷	十卷	佚（全晉文卷二十、晉詩卷十四）
何瑾之集（梁十一卷）			佚（全晉文卷一四○、晉詩卷十五）
殷仲堪十二卷并目錄（梁十卷，錄一卷）	十卷	十卷	佚（全晉文卷一二九）
桓玄集二十卷	二十卷	二十卷	佚（全晉文卷一一九、晉詩卷十四）
湛方生集十卷（錄一卷）	十卷	十卷	佚（全晉文卷一四○、晉詩卷十四）
祖台之集十六卷（梁二十卷）	十五卷	十五卷	佚（全晉文卷一三八）

顧愷之集七卷（梁二十卷）			佚（全晉文卷一三五、晉詩卷十四）
劉瑾集九卷（梁五卷）	八卷	八卷	佚（全晉文卷一四〇）
謝混集三卷（梁五卷）	十卷（謝琨集）	十卷（謝琨集）	佚（全晉文卷八三、晉詩卷十四）
袁豹集八卷	十卷	十卷	佚（全晉文卷五六）
周祗集十一卷（梁二十卷，錄一卷）	十卷	十卷	佚（全晉文卷一四二）
釋惠遠集十二卷	十五卷	十五卷	佚（全晉文卷十一至卷一六二、晉詩卷二十）
鍾夫人集（梁五卷）	二卷	二卷	佚（全晉文卷一四四、晉詩卷一）
左九嬪集（梁四卷）	一卷	一卷	佚（全晉文卷十三、晉詩卷七）
陳窈集（梁一卷）			佚（全晉文卷一四四）
陳參集（梁七卷）	五卷	五卷	佚（全晉文卷一四四）
王邵之集（梁十卷）			佚（全晉文卷一四四）
孫瓊集（梁二卷）			佚（全晉文卷一四四）
宋			
宋孝武帝二十五卷（梁三十一卷，錄一卷）	二十卷（宋武帝集）	二十卷（宋武帝集）	佚（全宋文卷七至卷九、宋詩卷五）
劉義慶集八卷	八卷	八卷	佚（全宋文卷十一、宋詩卷四）
劉義恭集十一卷（梁十五卷，錄一卷。又江夏王集別本十五卷）	十三卷	十五卷	佚（全宋文卷十一至卷十二、宋詩卷六）
劉鑠集五卷	五卷	五卷	佚（全宋文卷十二、宋詩卷六）
謝瞻集三卷	二卷	二卷	佚（全宋文卷三三、宋詩卷一）
王叔之集七卷（梁十卷，錄一卷）	十卷	十卷	佚（全宋文卷五七、宋詩卷一）
徐廣集十五卷（錄一卷）	十五卷	十五卷	佚（全宋文卷一三六、晉詩卷十五）

孔甯子集十一卷并目錄 （梁十五卷，錄一卷）	十五卷	十五卷	佚（全宋文卷二八、宋詩卷一）
傅亮集三十一卷 （梁二十卷，錄一卷）	十卷	十卷	輯（傅光祿集）
鄭鮮之集十三卷 （梁二十卷，錄一卷）	二十卷	二十卷	佚（全宋文卷二五、宋詩卷一）
陶潛集九卷 （梁五卷，錄一卷）	五卷	二十卷	輯（陶淵明集）
范泰集十九卷 （梁二十卷，錄一卷）	二十卷	二十卷	佚（全宋文卷一五、宋詩卷一）
卞伯玉集（梁五卷）	五卷	五卷	佚（全宋文卷四十、宋詩卷一）
謝惠連集六卷 （梁五卷，錄一卷）		五卷	輯（謝法曹集）
謝靈運集十九卷 （梁二十卷，錄一卷）	十五卷	十五卷	輯（謝康樂集）
宋景集十六卷	十五卷 （宋炳集）	十五卷 （宋炳集）	佚（全宋文卷二十）
伍緝之集十二卷	十一卷	十一卷	佚（全宋文卷四十、宋詩卷一）
范曄集（梁十五卷，錄一卷）			佚（全宋文卷一五、宋詩卷四）
范廣集（梁一卷）			佚（宋詩卷四）
何承天集二十卷 （梁三十二卷）	三十卷	二十卷	輯（何衡陽集）
袁淑集十一卷并目錄 （梁十卷，錄一卷）	十卷	十卷	輯（袁陽源集）
王微集十卷（梁錄一卷）	十卷	十卷	佚（全宋文卷一九、宋詩卷四）
荀雍集二卷（梁四卷）	十卷	十卷	佚（宋詩卷四）
孔欣集（梁九卷）	八卷	十卷	佚（全宋文卷四十、宋詩卷一）
袁伯文集十一卷并目錄	十卷	十卷	佚（全宋文卷四十、宋詩卷十）
顏延之集二十五卷（梁三十卷，又顏延之逸集一卷）	三十卷	三十卷	輯（顏光祿集）

顏竣集十四卷（并目錄）	十三卷	十三卷	佚（全宋文卷三八、宋詩卷六）
顏測集十一卷（并目錄）	十一卷	十一卷	佚（全宋文卷三八、宋詩卷六）
王僧達集十卷（梁錄一卷）	十卷	十卷	佚（全宋文卷一九、宋詩卷六）
張暢集十二卷（殘缺，梁十四卷，錄一卷）	十四卷	十四卷	佚（全宋文卷四九）
何尚之集（梁十卷）			佚（全宋文卷二八）
何偃集十九卷（梁十六卷）	八卷	八卷	佚（全宋文卷二八、宋詩卷一）
江智深集九卷（并目一卷）	十卷（江智泉集）	十卷（江智淵集）	佚（宋詩卷六）
虞通之集十五卷（梁二十卷）	五卷	五卷	佚（全宋文卷五五）
謝莊集十九卷（梁十五卷）	十五卷	十五卷	輯（謝光祿集）
鮑照集十卷（梁六卷）	十卷	十卷	輯（鮑參軍集）
沈懷遠集（梁十九卷）			佚（全宋文卷四五）
徐爰集六卷（梁十卷）	十卷	十卷	佚（全宋文卷四十、宋詩卷十）
吳邁遠集一卷（殘缺，梁四卷）			佚（宋詩卷十）
湯惠休集三卷（梁四卷）	三卷		佚（宋詩卷六）
齊			
蕭子良集四十卷	三十卷	三十卷	輯（竟陵王集）
褚彥回集十五卷	十五卷	十五卷（褚淵集）	佚（全齊文卷十四）
丘巨源集（梁十卷，錄一卷）			佚（全齊文卷十七）
王儉集五十一卷（梁六十卷）	六十卷	六十卷	輯（王文憲集）
虞羲集九卷（殘缺，梁十一卷）	十一卷	十一卷	佚（全齊文卷二五、梁詩卷五）
王融集十卷	十卷	十卷	輯（王寧朔集）
謝朓集十二卷 謝朓逸集一卷	十卷	十卷	輯（謝宣城集）
張融集二十七卷（梁十卷，張融玉海集十卷、大澤集十卷、金波集六十卷）	六十卷（玉海集）	六十卷（玉海集）	輯（張長史集）

虞炎集（梁七卷）			佚（全齊文卷二五、齊詩卷五）
劉繪集（梁十卷）			佚（全齊文卷十七、齊詩卷五）
梁			
梁武帝集二十六卷（梁三十二卷） 梁武帝詩賦集二十卷 梁武帝雜文集九卷 梁武帝別集目錄二卷 梁武帝淨業賦三卷	十卷	十卷	輯（梁武帝集）
梁簡文帝集八十五卷（陸罩撰，并錄）	八十卷	八十卷	輯（梁簡文帝集）
梁元帝集五十二卷	五十卷	五十卷（元帝集）	輯（梁元帝集）
梁元帝小集十卷	十卷	十卷（小集）	
梁昭明太子集二十卷	二十卷	二十卷	輯（昭明太子集）
梁岳陽王集十卷	十卷（梁宣帝集）		佚（全梁文卷六八、梁詩卷二七）
梁武陵王紀集八卷	八卷	八卷	佚（梁詩卷十九）
宗夬集九卷（并錄）	十卷（宗史集）	十卷	佚（梁詩卷二）
江淹集九卷（梁二十卷）	十卷（前集）	十卷（前集）	輯（江文通集）
江淹後集十卷	十卷（後集）	十卷（後集）	
范雲集十一卷（并錄）	十二卷	十二卷	佚（全梁文卷四五、梁詩卷二）
任昉集三十四卷	三十四卷	三十四卷	輯（任彥昇集）
柳惲集（梁十二卷）			佚（全梁文卷五八、梁詩卷八）
劉苞集（梁十卷）			佚（梁詩卷八）
沈約集一百一卷（并錄）	一百卷 三十卷 （沈約集略）	一百卷 三十卷（集略）	輯（沈休文集）
	十卷（傅昭集）	十卷	佚（梁詩卷十四）
王僧孺集三十卷	三十卷	三十卷	輯（王左丞集）

張率集三十八卷	三十卷	三十卷	佚（全梁文卷五四、梁詩卷十三）
吳均集二十卷	二十卷	二十卷	輯（吳朝請集）
徐勉前集三十五卷 徐勉後集十六卷（并序錄）	二十五卷 十六卷	三十五卷（前集） 十六卷（後集）	佚（全梁文卷五十、梁詩卷十五）
王暕集二十一卷	二十卷	二十卷	佚（全梁文卷四八、梁詩卷五）
劉孝標集六卷			輯（劉戶曹集）
裴子野集十四卷	十四卷	十四卷	佚（全梁文卷五三、梁詩卷十四）
蕭子範集十三卷	三卷	三卷	佚（全梁文卷二二、梁詩卷十九）
江洪集二卷			佚（梁詩卷二六）
費昶集三卷			佚（梁詩卷二七）
謝瑱集八卷	十卷	十卷	佚（梁詩卷二七）
何遜集七卷	八卷	八卷	輯（何記室集）
劉緩集（梁四卷）			佚（全梁文卷十三、梁詩卷十七）
陸倕集十四卷	二十卷	二十卷	輯（陸太常集）
劉孝綽集十四卷	十一卷	十二卷	輯（劉秘書集）
劉孝儀二十卷	二十卷	二十卷	輯（劉豫章集）
劉孝威集十卷	十卷（前集） 十卷（後集）	十卷（前集） 十卷（後集）	輯（劉孝威集、劉庶子集）
陸雲公集十卷	四卷	四卷	佚（全梁文卷五二、梁詩卷十七）
蕭子雲集十九卷	二十卷	二十卷	佚（全梁文卷二三、梁詩卷十九）
王筠集十一卷（并錄）	十卷（洗馬集）	十卷（洗馬集）	輯（王詹事集）
王筠中書集十一卷（并錄） 王筠臨海集十一卷（并錄） 王筠左佐集十一卷（并錄） 王筠尚書集九卷（并錄）	十卷（中書集） 十卷（中庶子集） 十卷（臨海集） 十卷（左右集） 十卷（尚書集）	十卷（中書集） 十卷（中庶子集） 十卷（臨海集） 十卷（左右集） 十一卷（尚書集）	
鮑泉集一卷	一卷	一卷	佚（梁詩卷二四）
張纘集十一卷	十卷	十卷	佚（全梁文卷六四、梁詩卷十七）

庾肩吾集十卷	十卷	十卷	輯（庾度支集）
蕭欣集十卷	十卷	十卷	佚（全梁文卷二一、梁詩卷二八）
朱超集一卷			佚（梁詩卷二七）
甄玄成集十卷	十卷	十卷	佚（全梁文卷六八）
沈君游集十三卷	十二卷（沈君攸集）	十二卷（沈君攸集）	佚（梁詩卷二八）
沈滿願集三卷	三卷	三卷	佚（梁詩卷二八）
後 魏			
後魏孝文帝集三十九卷	四十卷	四十卷	佚（全後魏文卷三至卷七、北魏詩卷一）
高允集二十一卷	二十卷	二十卷	輯（高令公集）
李諧集十卷	十卷	十卷	佚（全後魏文卷三五、北魏詩卷二）
盧元明集十七卷	六卷	六卷	佚（全後魏文卷三七、北魏詩卷二）
袁躍集十三卷	九卷	九卷	佚（北魏詩卷二）
溫子昇集三十九卷	二十五卷	三十五卷	輯（溫侍讀集）
北 齊			
邢子才集三十一卷	三十卷	三十卷	輯（邢特進集）
魏收集六十八卷	七十卷	七十卷	輯（魏特進集）
劉逖集二十六卷	四十卷	四十卷	佚（全北齊文卷卷八、北齊詩卷一）
後 周			
後周明帝集九卷	十卷	五十卷	佚（全後周文卷一、北周詩卷一）
後周滕簡王集八卷	十二卷	十二卷	佚（全後周文卷四、北周詩卷一）
宗懍集十二卷（并錄）	三十卷	十卷	佚（北周詩卷一）
王褒集二十一卷（并錄）	三十卷	二十卷	輯（王司空集）
蕭撝集十卷	十卷	十卷	佚（全後周文卷一九、北周詩卷一）

庾信集二十一卷（并錄）	二十卷	二十卷	輯（庾子山集、庾開府集）
陳			
陳後主集三十九卷	五十卷	五十五卷	輯（陳後主集）
周弘讓集九卷 周弘讓後集十二卷		十八卷	佚（全陳文卷五、陳詩卷二）
沈炯前集七卷 沈炯後集十三卷	六卷（前集） 十三卷（後集）	六卷（前集） 十三卷（後集）	輯（沈侍中集）
釋標集二卷			佚（陳詩卷十）
釋洪偃集八卷			佚（陳詩卷十）
周弘正集二十卷	二十卷		佚（全陳文卷五、陳詩卷二）
陰鏗集一卷			輯（陰常侍集）
顧野王集十九卷			佚（全陳文卷十三、陳詩卷二）
徐陵集三十卷	三十卷	三十卷	輯（徐孝穆集）
張正見集十四卷	四卷	四卷	輯（張散騎集）
陸玠集十卷	五卷（陸珍集）	五卷（陸珍集）	佚（陳詩卷二）
陸瑜集十一卷（并錄）	十卷	十卷	佚（全陳文卷十七、陳詩卷五）
褚玠集十卷	十卷（褚介集）	十卷（褚介集）	佚（全陳文卷十六、陳詩卷六）
	姚察集二十卷	二十卷	佚（全隋文卷十三、隋詩卷三）
隋			
煬帝集五十五卷	三十卷	三十卷	輯（隋煬帝集）
盧思道集三十卷	二十卷	二十卷	輯（盧武陽集）
李元操集十卷	二十二卷	二十二卷	佚（全隋文卷二十、隋詩卷二）
辛德源集三十卷	三十卷	三十卷	佚（全隋文卷二十、隋詩卷二）
李德林集十卷	十卷	十卷	輯（李懷州集）
牛弘集十二卷	十二卷	十二卷	輯（牛奇章集）
薛道衡集三十卷	三十卷	三十卷	輯（薛司隸集）

何妥集十卷	十卷	十卷	佚（全隋文卷十二、隋詩卷二）
柳䛒集五卷	十卷（柳顧言集）	十卷（柳顧言集）	佚（全隋文卷十二、隋詩卷五）
江總集三十卷 江總後集二卷	二十卷	二十卷	輯（江令君集）
蕭愨集九卷	九卷	九卷	佚（全隋文卷十三、北齊詩卷二）
魏彥深集三卷	四卷（魏澹集）	四卷（魏澹集）	佚（全隋文卷二十、隋詩卷二）
諸葛穎集十四卷	十四卷	十四卷	佚（隋詩卷五）
王胄集十卷	十卷	十卷	佚（隋詩卷五）
	三十卷 （陽休之集）	三十卷 （陽休之集）	佚（全隋文卷九、北齊詩卷二）
唐			
	太宗文皇帝集三十卷	四十卷（太宗集）	輯（唐太宗集）
	高宗大帝集八十六卷	八十六卷 （高宗集）	佚（全唐文卷十一、全唐詩卷二）
	中宗皇帝集四十卷	四十卷（中宗集）	佚（全唐文卷一六至卷十七、全唐詩卷二）
	睿宗皇帝集十卷	十卷（睿宗集）	佚（全唐文卷一八至一九、全唐詩卷二）
	虞茂代集五卷	五卷（題隋） （虞茂世集）	佚（隋詩卷六）
	陳叔達集五卷	十五卷	佚（全唐文卷一三三、全唐詩卷三十）
	褚亮集二十卷	二十卷	佚（全唐文卷一四七、全唐詩卷三二、全唐詩補遺）
	虞世南集三十卷	三十卷	輯（虞世南集）
	薛收集十卷	十卷	佚（全唐文卷一三三、唐文拾遺）
	楊師道集十卷	十卷	佚（全唐文卷一五六、全唐詩卷三四）

	庾抱集六卷	十卷	佚（全唐詩卷三九）
	王績集五卷	五卷	輯（東皋子集）
	魏徵集二十卷	二十卷	輯（魏鄭公集）
	上官儀集三十卷	三十卷	佚（全唐文卷一五四至卷一五五、全唐詩卷四十）
	李義府集三十九卷	四十卷	佚（全唐文卷一五三、全唐詩卷三五）
	顏師古集四十卷	六十卷	佚（全唐文卷一四七、全唐詩卷三十）
	岑文本集六十卷	六十卷	佚（全唐文卷一五○、全唐詩卷三三）
	劉孝孫集三十卷	三十卷	佚（全唐文卷一五四、全唐詩卷三三）
	鄭代翼集八卷	八卷（鄭世翼集）	佚（全唐詩卷三八）
	李百藥集三十卷	三十卷	佚（全唐文卷一四二、全唐詩卷三、唐文拾遺）
	孔紹安集三卷	五十卷	佚（全唐詩卷三八）
	謝偃集十卷	十卷	佚（全唐文卷一五六、全唐詩卷三八）
	蕭德言集三十卷	二十卷	佚（全唐詩卷三八）
	袁朗集四卷	十四卷	佚（全唐詩卷三十）
	任希古集五卷	十卷	佚（全唐文卷二三六、全唐詩卷四四）
	杜之松集十卷	十卷	佚（全唐文卷一三四、全唐詩卷三九）
	陳子良集十卷	十卷	佚（全唐文卷一三四、全唐詩卷三九）
	薛元超集三十卷	三十卷	佚（全唐文卷一五九、全唐詩卷三九）
	劉禕之集五十卷	七十卷	佚（全唐詩卷四四）
	劉允濟集二十卷	二十卷	佚（全唐文卷一六四、全唐詩卷六三）
	駱賓王集十卷	十卷	輯（駱賓王集）

	盧照鄰集二十卷	二十卷	輯（盧照鄰集）
	楊炯集三十卷	三十卷（臨川集）	輯（盈川集）
	王勃集三十卷	三十卷	輯（王子安集）
	喬知之集二十卷	二十卷	佚（全唐詩卷八一）
	蘇味道集十五卷	十五卷	佚（全唐詩卷六五）
	薛曜集二十卷	二十卷（薛耀集）	佚（全唐文卷二三九、全唐詩卷八十）
	崔融集四十卷	六十卷	佚（全唐文卷二一七至卷二二〇、全唐詩卷六八）
	李嶠集三十卷	五十卷	輯（李嶠雜詠）
	陳子昂集十卷	十卷	輯（陳伯玉集、陳拾遺集）
	元希聲集十卷	十卷	佚（全唐詩卷一〇一）
	李適集二十卷	十卷	佚（全唐詩卷七十）
	沈佺期集十卷	十卷	輯（沈佺期集、沈詹事集）
	徐彥伯前集十卷 後集十卷	十卷（前集） 十卷（後集）	佚（全唐文卷二六七、全唐詩卷七六）
	宋之問集十卷	十卷	輯（宋之問集）
	杜審言集十卷	十卷	輯（杜審言集）
	富嘉謨集十卷	十卷	佚（全唐文卷二三五、全唐詩卷九四）
	吳少微集十卷	十卷	佚（全唐文卷二三五、全唐詩卷九四）
	劉希夷集三卷	十卷	佚（全唐詩卷八二）
	韋承慶集六十卷	六十卷	佚（全唐文卷一八八、全唐詩卷四六）
	郭元振集二十卷	二十卷	佚（全唐文卷二〇五、全唐詩卷九六）
	魏知古集二十卷	二十卷	佚（全唐文卷二三七、全唐詩卷九一）
	閻朝隱集五卷	五卷	佚（全唐文卷二〇七、全唐詩卷六九）

	蘇瓌集十卷	十卷	佚（全唐文卷一六八、全唐詩卷四六）
	李乂集五卷	五卷	佚（全唐文卷二六六、全唐詩卷九二）
	盧藏用集二十卷	三十卷	佚（全唐文卷二三八、全唐詩卷九三）
		來濟集三十卷	佚（全唐詩卷三九、唐詩紀事）
		杜正倫集十卷	佚（全唐文卷一五〇、全唐詩卷三三）
		李敬玄集三十卷	佚（全唐詩卷四四）
		張文琮集二十卷	佚（全唐文卷一六二、全唐詩卷三九）
		劉憲集三十卷	佚（全唐文卷二三四、全唐詩卷七一）
		蔡允恭集二十卷	佚（全唐詩卷三八）
		崔液集十卷（裴耀卿纂）	佚（全唐詩卷五四、全唐詩補遺卷八九〇）
總　集　類			
文章流別集四十一卷（梁六十卷，志二卷、論二卷）摯虞撰；文章流別志論二卷摯虞撰	文章流別集三十卷摯虞撰	文章流別集三十卷摯虞撰	佚（全晉文卷七七）
翰林論三卷李充撰（梁五十四卷）	翰林論二卷李充撰	翰林論三卷李充撰	佚（全晉文卷五三）
婦人集二十卷			佚（未有輯存）
觀象賦一卷			佚（全後魏文卷）
織錦迴文詩（梁一卷）苻堅秦州刺史竇氏妻蘇氏作			存
誹諧文十卷袁淑撰	誹諧文十五卷袁淑撰	袁淑俳諧文十五卷	輯（袁忠憲集）

二、史志未著錄者

作　　者	時　代	備　　　　　註
李延年	漢	佚（漢詩卷一）
韋　孟		佚（漢詩卷二）
鄒　陽		佚（全漢文卷十九）
羊　勝		佚（全漢文卷十九）
公孫乘		佚（全漢文卷十九）
後漢章帝	後漢	佚（全後漢文卷四至卷五）
白狼王唐菆		佚（漢詩卷五）
朱　浮		佚（全後漢文卷二一）
袁　安		佚（全後漢文卷三十）
鄧　耽		佚（全後漢文卷四九）
郎　顗		佚（全後漢文卷六十）
滕　輔		佚（全後漢文卷六一）
張　昶		佚（全後漢文卷六四）
秦　嘉		佚（全後漢文卷六六、漢詩卷六）
邊　讓		佚（全後漢文卷八十）
傅　幹		佚（全後漢文卷八一）
仲長統		佚（全後漢文卷八七至卷八九、漢詩卷七）
宋子侯		佚（漢詩卷七）
應　瑒	魏	佚（全三國文卷三十、魏詩卷八）
劉　劭		佚（全三國文卷三二）
賈岱宗		佚（全三國文卷五三）
曹　彪		佚（全魏詩卷）
闞　澤	吳	佚（全三國文卷六六）
裴景聲	西晉	佚（全晉文卷三三）
裴　頠		佚（全晉文卷三三）
劉　伶		佚（全晉文卷六六、晉詩卷一）
賈　彬		佚（全晉文卷八九）

木　華		佚（全晉文卷一〇五）
卞　裕		佚（晉詩卷十五）
魯　褒	東晉	佚（全晉文卷一一三）
范　堅		佚（全晉文卷一二四）
習　嘏		佚（全晉文卷一二四）
徐　虔		佚（全晉文卷一四〇）
劉謐之		佚（全晉文卷一四三）
黃　章		佚（全晉文卷一〇五）
許　邁		佚（全晉文卷一六七）
王獻之妾桃葉		佚（晉詩卷十三）
趙　整		佚（全晉文卷一五九、晉詩卷十四）
徐湛之	宋	佚（全宋文卷七一）
苟（荀）倫		佚（全宋文卷五七）
孔法生		佚（宋詩卷四）
陸　凱		佚（宋詩卷四）
蕭　璟		佚（宋詩卷十）
喬道元		佚（全宋文卷五七）
劉　遵	梁	佚（梁詩卷十五）
紀少瑜		佚（梁詩卷十三）
到　漑		佚（梁詩卷十七）
徐　摛		佚（全梁文卷五十、梁詩卷十九）
殷　芸		佚（全梁文卷五四、梁詩卷十五）
蕭　琛		佚（全梁文卷二四、梁詩卷十五）
虞　騫		佚（梁詩卷五）
王　訓		佚（梁詩卷九）
陸　罩		佚（梁詩卷十三）
蕭　推		佚（梁詩卷十七）
楊　皦		佚（梁詩卷十七）
伏　挺		佚（全梁文卷四十、梁詩卷十九）
何敬容		佚（全梁文卷四十、梁詩卷十九）

沈　旋		佚（梁詩卷二六）
沈　趨		佚（梁詩卷二六）
徐　怦		佚（全梁文卷五十、梁詩卷二四）
褚　澐		佚（梁詩卷二四）
劉孝先		佚（梁詩卷二六）
徐　朏		佚（梁詩卷二六）
徐　昉		佚（梁詩卷二六）
王臺卿		佚（梁詩卷二七）
戴　暠		佚（梁詩卷二七）
李鏡遠		佚（梁詩卷二八）
湯僧濟		佚（梁詩卷二八）
聞人蒨		佚（梁詩卷二八）
劉　憺		佚（梁詩卷二八）
顧　彭		佚（梁詩卷二八）
蕭　和		佚（全梁文卷二四）
褚　洊		佚（全梁文卷六七）
蕭　鈞		佚（未見輯存）
後魏太武帝	後魏	佚（全後魏文卷一）
常　景		佚（全後魏文卷三二、北魏詩卷二）
崔　浩		佚（全後魏文卷二二）
北齊武成帝	北齊	佚（全北齊文卷二）
蕭　放		佚（北齊詩卷一）
顏之推		佚（全隋文卷十三、北齊詩卷二）
祖　珽		佚（北齊詩卷二）
裴讓之		佚（北齊詩卷一）
袁　奭		佚（北齊詩卷一）
楊　訓		佚（北齊詩卷一）
馬元熙		佚（北齊詩卷二）
趙儒宗		佚（北齊詩卷二）
後周武帝	後周	佚（全後周文卷二）

宗 羈		佚（北周詩卷一）
孟 康		佚（北周詩卷四）
劉 璠		佚（全後周文卷十九）
徐伯陽	陳	佚（全陳文卷十二、陳詩卷二）
傅 縡		佚（全陳文卷十六、陳詩卷五）
陸 瓊		佚（全陳文卷十七、陳詩卷五）
孔 奐		佚（陳詩卷五）
阮 卓		佚（陳詩卷六）
劉 刪		佚（陳詩卷六）
祖孫登		佚（陳詩卷六）
何 胥		佚（陳詩卷六）
賀 脩		佚（陳詩卷六）
賀 徹		佚（陳詩卷六）
楊 縉		佚（陳詩卷六）
蔡 凝		佚（陳詩卷六）
蕭 詮		佚（陳詩卷六）
陳 暄		佚（全陳文卷十六、陳詩卷六）
蕭 鄰		佚（陳詩卷九）
孔 範		佚（陳詩卷九）
蕭大圜	隋	佚（全隋文卷十三）
孫萬壽		佚（隋詩卷一）
孔德紹		佚（隋詩卷六、全唐文卷一三四、全唐詩卷七三三）
許善心		佚（全隋文卷十五、隋詩卷六）
虞 綽		佚（全隋文卷十四、隋詩卷五）
明餘慶		佚（隋詩卷二）
元行恭		佚（隋詩卷二）
杜臺卿		佚（全隋文卷二十）
蕭 琮		佚（隋詩卷五）
王 㝹		佚（隋詩卷五）
岑德潤		佚（隋詩卷五）

于仲文		佚（全隋文卷二六、隋詩卷五）
袁　慶		佚（隋詩卷五）
崔仲方		佚（全隋文卷九、隋詩卷五）
杜公瞻		佚（隋詩卷六）
劉　斌		佚（隋詩卷六）
王　衡		佚（隋詩卷六）
李巨仁		佚（隋詩卷七）
弘執恭		佚（隋詩卷七）
卞　斌		佚（隋詩卷七）
王由禮		佚（隋詩卷七）
胡師耽		佚（隋詩卷七）
劉　端		佚（隋詩卷七）
沈君道		佚（隋詩卷七）
魯　本		佚（隋詩卷七）
薛　昉		佚（隋詩卷七）
越王李貞	唐	佚（全唐詩卷六）
韓王元嘉		佚（全唐詩卷五）
徐賢妃		佚（全唐詩卷五）
朱子奢		佚（全唐文卷一三五、全唐詩卷三八）
張文恭		佚（全唐詩卷三九）
張大安		佚（全唐詩卷四四）
元萬頃		佚（全唐文卷一六八、全唐詩卷四四）
郭正一		佚（全唐文卷一六八、全唐詩卷四四）
胡元範		佚（全唐詩卷四四）
裴守眞		佚（全唐文卷一六八、全唐詩卷四四）
楊思玄		佚（全唐詩卷四四）
王德眞		佚（全唐詩卷四四）
鄭義眞		佚（全唐詩卷四四）
蕭楚材		佚（全唐詩卷四四）
薛克搆		佚（全唐詩卷四四）

徐 珩		佚（全唐詩卷四四）
薛希惑		佚（全唐詩卷四五）
賀 敳		佚（全唐詩卷四五）
崔 湜		佚（全唐文卷二八〇、全唐詩卷五四）
董思恭		佚（全唐詩卷六三）
于季子		佚（全唐詩卷八十）
韋嗣立		佚（全唐文卷二三六、全唐詩卷九一）
馬懷素		佚（全唐文卷二九六、全唐詩卷九三）
牛鳳及		佚（全唐詩卷九九）
李崇嗣		佚（全唐詩卷一〇〇）
李行言		佚（全唐詩卷一〇一）
趙彥昭		佚（全唐詩卷一〇三）
韋 挺		佚（全唐文卷一五四）
高若思		佚（全唐文卷一五六）
鄭 軌		佚（全唐詩卷七六九）
楊齊哲		佚（全唐詩卷七六九）
劉夷道		佚（全唐詩卷七六九）
待考者		
朱彥時		佚（先唐文卷一）
劉思眞		佚（先唐文卷一）
臧 彥		佚（先唐文卷一）
綦母氏		佚（先唐文卷一）
朱元微		佚（先唐文卷一）

附錄三　《初學記》徵引集部典籍作者索引

※ 作者後所標數字，為本書上冊之頁次

總集類

參考書目

壹、古籍部分

一、史　部

1. （漢）司馬遷撰，《史記》（台北：泰順書局，民國 60 年）。
2. （漢）班固撰，《漢書》（台北：明倫出版社，民國 61 年，初版）。
3. （宋）范曄撰，《後漢書》（台北：鼎文書局，民國 66 年，初版）。
4. （晉）陳壽撰，《三國志》（台北：鼎文書局，民國 68 年，初版）。
5. （唐）房玄齡等撰，《晉書》（台北：鼎文書局，民國 69 年，三版）。
6. （梁）沈約撰，《宋書》（台北：鼎文書局，民國 69 年，三版）。
7. （梁）蕭子顯撰，《南齊書》（台北：鼎文書局，民國 69 年，三版）。
8. （唐）姚思廉撰，《梁書》（台北：鼎文書局，民國 69 年，三版）。
9. （唐）姚思廉撰，《陳書》（台北：鼎文書局，民國 69 年，三版）。
10. （唐）李延壽撰，《南史》（台北：鼎文書局，民國 70 年，三版）。
11. （北齊）魏收撰，《魏書》（台北：鼎文書局，民國 69 年，三版）。
12. （唐）李百藥撰，《北齊書》（台北：鼎文書局，民國 69 年，三版）。
13. （唐）令狐德棻等撰，《周書》（台北：鼎文書局，民國 69 年，三版）。
14. （唐）李延壽撰，《北史》（台北：鼎文書局，民國 69 年，三版）。
15. （唐）魏徵等撰，《隋書》（台北：鼎文書局，民國 69 年，三版）。
16. （後晉）劉昫等撰，《舊唐書》（台北：鼎文書局，民國 70 年，三版）。
17. （宋）歐陽修等撰，《新唐書》（台北：鼎文書局，民國 70 年，三版）。
18. （漢）班固撰，《漢書‧藝文志》（台北：明倫出版社，民國 61 年，初版）。
19. （唐）魏徵等撰，《隋書‧經籍志》（台北：鼎文書局，民國 69 年，三版）。
20. （後晉）劉昫等撰，《舊唐書‧經籍志》（台北：鼎文書局，民國 70 年，三版）。
21. （宋）歐陽修等撰，《新唐書‧藝文志》（台北：鼎文書局，民國 70 年，三版）。

22. （元）脫脫撰，《宋史‧藝文志》（台北鼎文書局，：民國 67 年，初版）。

23. （元）馬端臨撰，《文獻通考》（台北：新興書局，民國 75 年，初版）。

24. （宋）王應麟撰，《漢書藝文志考證》（台北：台灣開明書局，民國 48 年，台一版）。

25. （清）姚振宗撰，《漢書藝文志拾補》（台北：台灣開明書局，民國 48 年，台一版）。

26. （清）錢大昭撰，《補續漢書藝文志》（台北：台灣開明書局，民國 48 年，台一版）。

27. （清）侯康撰，《補後漢書藝文志》（台北：台灣開明書局，民國 48 年，台一版）。

28. （清）顧櫰三，《補後漢書藝文志》（台北：台灣開明書局，民國 48 年，台一版）。

29. （清）姚振宗撰，《後漢藝文志》（台北：台灣開明書局，民國 48 年，台一版）。

30. （清）曾樸撰，《補後漢書藝文志考》（台北：台灣開明書局，民國 48 年，台一版）。

31. （清）姚振宗撰，《三國藝文志》（台北：台灣開明書局，民國 48 年，台一版）。

32. （清）侯康撰，《補三國藝文志》（台北：台灣開明書局，民國 48 年，台一版）。

33. （清）丁國鈞撰，《補晉書藝文志》（台北：台灣開明書局，民國 48 年，台一版）。

34. （清）文廷式撰，《補晉書藝文志》（台北：台灣開明書局，民國 48 年，台一版）。

35. （清）秦榮光撰，《補晉書藝文志》（台北：台灣開明書局，民國 48 年，台一版）。

36. （清）吳士鑑撰，《補晉書經籍志》（台北：台灣開明書局，民國 48 年，台一版）。

37. 賴炎元編，《補魏書藝文志》（《師大國文研究所集刊》第一集，民國 46 年 6 月）。

38. 蒙傳銘編，《補北齊書藝文志》（《師大國文研究所集刊》第一集，民國 46 年 6 月）。

39. 李雲光編，《補梁書藝文志》（《師大國文研究所集刊》第一集，民國 46 年 6 月）。

40. 楊壽彭編，《補陳書藝文志》（《師大國文研究所集刊》第一集，民國 46 年 6 月）。

41. 王忠林編，《補周書藝文志》（《師大國文研究所集刊》第一集，民國 46 年 6 月）。

42. （清）姚振宗撰，《隋書經籍志考證》（台北：台灣開明書局，民國 48 年，台一版）。

43. （民國）張鵬一撰，《隋書經籍志補》（台北：台灣開明書局，民國 48 年，台一版）。

44. （宋）尤袤撰，《遂初堂書目》（台北：台灣商務印書館，民國 54 年，初版）。

45. （宋）晁公武撰，《郡齋讀書志》（台北：台灣商務印書館，民國 67 年，初版）。

46. （宋）陳振孫撰，《直齋書錄解題》（台北：台灣商務印館，民國 57 年）。

47. （清）永瑢等撰，《四庫全書總目提要》（台北：台灣商務印書館，民國 57 年）。

二、子　部

1. （唐）徐堅等撰，《初學記》（台北：鼎文書局，民國 65 年，再版）。

三、集　部

1. （梁）蕭統撰、李善注，《文選》（台北：文津出版社，民國 76 年，初版）。
2. 陳徐陵撰，陳徐陵撰，《玉臺新詠》（台北：台灣商務印書館，民國 57 年）。
3. （梁）劉勰撰、黃叔琳等校注，《文心雕龍注》（台北：台灣開明書，民國 48 年）。
4. （梁）鍾嶸撰、汪中注，《詩品注》（台北：正中書局，民國 59 年，初版）。
5. 章樵注，《古文苑》（台北：鼎文書局，民國 62 年，初版）。
6. （清）孫星衍編，《續古文苑》（台北：鼎文書局，民國 62 年，初版）。
7. （宋）李昉撰，《文苑英華》（台北：新文豐出版公司，民國 68 年，初版）。
8. 薛應旂編，《六朝詩集》（台北：廣文書局，民國 61 年，初版）。
9. （宋）郭茂倩撰，《樂府詩集》（台北：里仁書局，民國 69 年，初版）。
10. （明）張溥輯，《漢魏六朝百三名家集》（台北：新興書局，民國 52 年，初版）。
11. （清）沈德潛輯，《古詩源》（台北：新陸書局，民國 52 年）。
12. （清）嚴可均輯，《全上古三代秦漢三國六朝文》（日本京都：中文出版社，民國 61 年）。
13. （清）丁福保輯，《全漢三國晉南北朝詩》（台北：藝文印書館）。
14. 逯欽立輯校，《先秦漢魏晉南北朝詩》（台北：木鐸出版社，民國 72 年，初版）。
15. （清）聖祖御定，《全唐詩》（台北：文史哲出版社，民國 67 年）。
16. 董誥等，《全唐文》（台北：文海出版社，民國 61 年，三版）。
17. 計有功撰，《唐詩紀事》（台北：台灣中華書局，民國 59 年，台一版）。
18. 胡文楷撰，《歷代婦女著作考》（台北：鼎文書局，民國 62 年，初版）。
19. 趙世杰、朱錫綸評，《歷代女子詩集》（台北：廣文書局，民國 70 年，再版）。

貳、現代著作

一、專　書

1. 朱天俊、陳宏天編，《文史工具書手冊》（台北：明文書局，民國 74 年）。
2. 昌彼得、潘美月著，《中國目錄學史》（台北：文史哲出版，民國 80 年，初版）。
3. 許世瑛編著，《中國目錄學史》（台北：中國文化大學出版社，民國 71 年，新一版）。
4. 徐有富主編，《中國古典文學史料學》（南京：南京大學出版社，1992 年 7 月第一版）。

5. 潘樹廣主編,《中國文學史料學》(安徽:黃山書社,1992 年 8 月第一版)。

6. 謝灼華編著,《中國文學目錄學》(北京:書目文獻出版社,1986 年 5 月第一版)。

7. 張舜徽著,《中國古代史籍校讀法》(台北:台灣學生書局,民國 70 年出版)。

8. 張舜徽著,《中國文獻學》(台北:木鐸出版社,民國 72 年,初版)。

9. 洪湛侯著,《中國文獻學新探》(台北:台灣學生書局,民國 81 年)。

10. 王秋桂、王國良編,《中國文獻學論集》(台北:明文書局,民國 72 年)。

11. 鄭良樹著,《古籍辨偽學》(台北:學生書局,民國 70 年,初版)。

12. 張心澂著,《偽書通考》(台北:明倫出版社,民國 71 年,初版)。

13. 陳登原著,《古今典籍聚散考》(台北:河洛圖書出版社,民國 68 年,初版)。

14. 萬曼著,《唐集敘錄》(台北:明文書局,民國 71 年,初版)。

15. 王重民著,《敦煌古籍敘錄》(台北:木鐸出版社,民國 70 年)。

16. 上海書店編,《二十五史紀傳人名索引》(上海:上海古籍出版社,1994 第一版)。

17. 傅璇琮等編撰,《唐五代人物傳記資料綜合索引》(文史哲出版社,民國 82 年,台一版)。

二、期刊論文

1. 閻琴南撰,《初學記研究》(中國文化大學中國文學研究所博士論文,民國 70 年)。

2. 陳金木撰,〈初學記研究〉(《嘉義師院學報》第三期,民國 78 年)。